Bernard Lievegoed

Heilpädagogische Betrachtungen

W0413285

BERNARD LIEVEGOED

Heilpädagogische Betrachtungen

Hilfen zur Behandlung von Entwicklungsstörungen

VERLAG FREIES GEISTESLEBEN

Vorträge von Prof. Dr. B. C. J. Lievegoed aus dem Jahr 1952
bearbeitet von Dr. N. Lievegoed-Schatborn
Originaltitel: Hoofdstukken uit de Heilpedagogie
Aus dem Niederländischen von E. Püschel

Die Deutsche Bibliothek – CIP-Einheitsaufnahme

Lievegoed, Bernardus C.:
Heilpädagogische Betrachtungen: Hilfen zur
Behandlung von Entwicklungsstörungen; [Vorträge
von B. C. J. Lievegoed aus dem Jahr 1952] / Bernard
Lievegoed. [Bearb. von N. Lievegoed-Schatborn. Aus dem
Niederländ. von E. Püschel]. – Überarb. Neuausg. –
Stuttgart: Verlag Freies Geistesleben, 1995
Einheitssacht.: Hoofdstukken uit de Heilpedagogie ‹dt.›

ISBN 3-7725-1541-X

NE: Lievegoed-Schatborn, N. [Bearb.]

© 1984 Edition Bingenheim im Verlag
Das Seelenpflege-bedürftige Kind GmbH, Wuppertal
Für die überarbeitete Neuausgabe
© 1995 Verlag Freies Geistesleben GmbH, Stuttgart
Einband: Walter Schneider, unter Verwendung
eines Bildes von Christiane Lesch
Druck: Greiser Druck, Rastatt

Inhalt

Vorwort zur Neuauflage der Heilpädagogischen Betrachtungen

«Die Kinder sind heute anders ... Man muß sie anders erziehen und anders unterrichten, als man sie vor Jahrzehnten unterrichtet hat.» Diese Aussage hat Rudolf Steiner am 16. August 1919 gemacht (*Erziehungsfrage als soziale Frage*, 5. Vortrag, GA 296). Sie hat aber gleiche Bedeutung für unsere Zeit. Man wird sicherlich nicht fehlgehen, wenn man sagt, daß die Kinder heute noch schwieriger sind, als sie bei Beginn der ersten Waldorfschule waren.

Die zahlreichen Hinweise Rudolf Steiners auf die Schwierigkeiten der Kinder, die sich in unserer Zeit inkarnieren, werfen angesichts der steigenden Zahlen von entwicklungsgestörten Kindern die Frage auf, woher die Störungen rühren und wie man sie in rechter Weise erkennen und pädagogisch und therapeutisch behandeln kann.

Auf der Suche nach geeigneten diagnostischen Erkenntnissen stießen wir auf Bernard Lievegoeds *Heilpädagogische Betrachtungen,* die vor über vierzig Jahren als Seminar-Vorträge in Zeist/ Holland erstmalig erschienen sind und lange Zeit wenig beachtet wurden.

Der Verfasser gibt in diesen Betrachtungen einen genialen diagnostischen Ansatz, der sich einerseits auf die Gestaltpsychologie des Franzosen Sigaud stützt und andererseits die menschenkundlichen Erkenntnisse Rudolf Steiners aufgreift.

Sigaud entwickelte eine Typologie, die schon auf die frühen Kindheitsjahre anwendbar ist; er beschreibt vier Grundtypen konstitutioneller Erscheinungs- und Verhaltensformen, die als cerebraler, respiratorischer, digestiver und motorischer Typus dem viergliedrigen Menschenbild Rudolf Steiners (Denktypus, Empfindungstypus, Stoffwechseltypus und Gliedmaßentypus) entsprechen. Ebenso finden wir in den Beschreibungen der Konstitutionstypen die vier Temperamente wieder. Wesentliche Grundlage für die Gestalttypologie Sigauds sind die Merkmale, die sich in der Gesichts- und Schädelform der Kinder offenbaren. Hier werden die Anregungen Rudolf Steiners aus dem *Heilpädagogischen Kurs* (3. Vortrag) erlebbar, der zur Beurteilung von moralischen Defekten ein phrenologisches Studium empfiehlt. Karmische Zusammenhänge spiegeln sich im Gesichtsschädel wieder.

Schließlich bringt Lievegoed die Begriffe der Akzeleration und Retardation mit den polaren Krankheitsbildern des *Heilpädagogischen Kurses* in Beziehung.

Beim retardierten, mehr kosmischen Träumer sind Astralleib und Ich zu schwach mit der Leibesorganisation verbunden, während sich beim akzelerierten (propulsiven) nervensinneswachen, erdenfrühreifen Kind diese Wesensglieder zu sehr in der Leibesorganisation stauen.

Lievegoed bringt äußerst lebendige Beschreibungen der vier Konstitutionstypen und eine anschauliche Betrachtung der polaren Abweichungen im Hinblick auf Retardation und Akzeleration.

Der sorgfältig beobachtende Erzieher, Lehrer, Arzt oder Therapeut erlebt bei der Lektüre der Beschreibung der Konstitutionstypen einen direkten diagnostischen Bezug zu seinen Sorgenkindern.

Von ganz besonderer Wichtigkeit für das Erkennen und Behandeln konstitutioneller Schwierigkeiten sind die Beschreibungen der neuropathischen und psychopathischen Fehlhaltungen und die Hinweise auf therapeutische Hilfen bei fixierten Desintegrationszuständen.

In der heutigen Zeit, wo uns in Kindergarten, Schule und Arztpraxis immer mehr schwierige Kinder begegnen, sind Lievegoeds *Heilpädagogische Betrachtungen* eine unverzichtbare, wesentliche Hilfe für jeden Arzt und Pädagogen, der aus dem Menschenbild Rudolf Steiners Wege zum Erkennen und zur Behebung von Entwicklungsstörungen sucht.

Die Arbeitsgemeinschaft Heilpädagogischer Schulen hat in den letzten Jahren mit Erlaubnis des Autors Privatdrucke der *Heilpädagogischen Betrachtungen* für die Hand von Lehrern und Heilpädagogen herstellen lassen. Zur Veröffentlichung des siebten Kapitels schrieb mir Bernard Lievegoed im November 1990, er habe es nach vielen Jahren wiederum gelesen und sei erstaunt, daß er das damals alles geschrieben habe; aber es sei noch immer gültig.

Es ist mir eine große Freude, daß die *Heilpädagogischen Betrachtungen* nunmehr als Buch herausgegeben werden sollen, um allen interessierten Menschen zugänglich zu sein. Es wird eines der wichtigsten Bücher für die Hand der Lehrer und der Kindergärtnerinnen sein.

Mai 1994, *H. F. Jaenicke*

1.

Einführung in den Dreigliedrigkeitsbegriff Rudolf Steiners

In den medizinisch-pädagogischen Heimen «Zonnehuis Veldheim» und «Zonnehuis Stenia» in Zeist findet seit Jahren eine Ausbildung für diejenigen statt, die im Sinne dieser Heime – auf der Grundlage der Anthroposophie – mit Kindern, die veranlagungs- oder entwicklungsgestört sind, arbeiten wollen.

Um das Wesen dieser Kinder ergründen oder ihr Anderssein verstehen zu können, ist eine umfassende Kenntnis des normalen Kindes und seiner Erziehung Voraussetzung. Was bei einer gestörten Entwicklung auftritt, kann in intimer Weise auch häufig schon bei dem sogenannten normalen Seelenleben zu bemerken sein. Eine leichte Gedankenlosigkeit, eine gewisse Neigung zur Zwanghaftigkeit, eine leichte Hemmung, Schwierigkeiten, einen Anfang zu finden, ein zu schnelles Reagieren – wer darf sich absolut normal nennen? Wo sind keine kleinen «Abweichungen, Einseitigkeiten»?*

So steht denn auch bei der Ausbildung im «Zonnehuis» die Betrachtung des normalen Kindes als notwendiger Ausgangspunkt für das Begreifen von Krankheitsbildern und gestörtem Verhalten an erster Stelle.

Weiterhin werden der Bau des menschlichen Organismus (Anatomie, Embryologie), einfache Physiologie (vor allem Sinneslehre, Lebensprozesse) und die Entwicklungsphasen des Kindes behandelt.

* Siehe R. Steiner, *Heilpädagogischer Kurs*, GA 317, 1. Vortrag.

Als Einleitung zur Krankheitslehre wird im ersten Jahr von der Lehre der Temperamente ausgegangen, wobei die *Viergliedrigkeit* des menschlichen Organismus sichtbar wird, gemäß den Elementen, aus denen der Mensch aufgebaut ist, im zweiten Jahr von der menschlichen Gestalt in ihrer Dreigliedrigkeit, wie Rudolf Steiner sie entwickelte. Ein wichtiges Hilfsmittel, um die Temperamente zu charakterisieren, ist noch immer Caroline von Heydebrands Buch *Vom Seelenwesen des Kindes* – sowohl wegen der treffend beschriebenen Beispiele als auch wegen der Liebe, die daraus spricht. Rudolf Steiner wies darauf hin, daß bei einer zu starken Einseitigkeit des Temperaments die Gefahr einer psychotischen Entwicklung droht. Wenn wir solche gestörten Entwicklungen in der Heilpädagogik erkennen und an Beispielen deutlich machen können, wird verständlich, wie wichtig die Kenntnis der Temperamente und ihrer Behandlung als Grundlage für das «Sehen» und Behandeln dieser Kinder ist.

Die Kenntnis der *Dreigliedrigkeit* des menschlichen Organismus hingegen ist der Ausgangspunkt dafür, viele andere Abweichungen zu begreifen, wie Groß- und Kleinköpfigkeit (bis hin zu Mikro- und Hydrocephalie), ungezügeltes Verhalten, autistische Prägungen und anderes. Diese Inhalte werden gleichfalls im zweiten Jahr behandelt.

1917 schrieb Rudolf Steiner Aufsätze zur Rechtfertigung des anthroposophischen Denkens, zusammengefaßt unter dem Titel *Von Seelenrätseln.* In dem Aufsatz über Franz Brentano beleuchtet er die Abhängigkeit des Bewußtseins, das wir von unseren Seelenäußerungen des Vorstellens, Fühlens und Wollens haben, von unserer Körperlichkeit. Nicht die Seele selbst ist von unserer Leibesorganisation abhängig, sondern das Bewußtsein, das wir von der Seele haben können.

In einem später hinzugefügten Kapitel ergänzt Rudolf Steiner dies; zum ersten Male wird da über die Dreigliedrigkeit des menschlichen Organismus als Grundlage für das Vorstellen, Fühlen und Wollen gesprochen. Diese drei Glieder sind in eins verwoben, arbeiten einander ergänzend zusammen, sind aber doch jedes völlig selbständig und haben eine je eigene Ordnung und Entwicklung: das Nerven-Sinnes-System als Basis für das Vorstellen, das Stoffwechselsystem mit stark vitalen Prozessen, wo der Wille – kaum bewußt – wurzelt, und ein drittes – von Rudolf Steiner rhythmisches System genannt – als körperliches Instrument für das Gefühlsleben.

Diese geniale Beobachtung, die heute jedem, der sie aufnehmen kann, so selbstverständlich erscheint, ist der Schlüssel für die gesamte anthroposophische Menschenkunde und hat größte Bedeutung für die Pädagogik, die Medizin und die Heilpädagogik. Hier sei der Teil aus *Von Seelenrätseln* wiedergegeben, wo Rudolf Steiner 1917 zum ersten Mal darüber schreibt:

«Skizzenhaft möchte ich nun auch darstellen, was sich mir ergeben hat über die Beziehungen des Seelischen zu dem Physisch-Leiblichen. Ich darf wohl sagen, daß ich damit die Ergebnisse einer dreißig Jahre währenden geisteswissenschaftlichen Forschung verzeichne. Erst in den letzten Jahren ist es mir möglich geworden, das in Frage Kommende so in durch Worte ausdrückbare Gedanken zu fassen, daß ich das Erstrebte zu einer Art vorläufigen Abschlusses bringen konnte ...

Man muß bei einer derartigen Betrachtung von der von Brentano abgewiesenen Gliederung in Vorstellen, Fühlen und Wollen ausgehen. Faßt man nun zusammen alles dasjenige Seelische, das als Vorstellen erlebt wird, und sucht man nach den leiblichen Vorgängen, mit denen dieses Seelische in Beziehung zu setzen ist, so findet man den entsprechenden Zusammenhang, indem man dabei in weitgehendem Maße den Ergebnissen der gegenwärtigen physiologischen Psychologie sich anschließen kann. Die körperlichen Gegenstücke zum Seelischen des Vorstellens hat man in den Vorgängen des Nervensystems mit ihrem Auslaufen in die Sinnesorgane einerseits und in die leibliche Innenorganisation andrerseits zu sehen. So sehr man vom anthroposophischen Gesichtspunkte aus manches wird anders zu denken haben, als es die gegenwärtige Wissenschaft tut: eine Grundlage vorzüglicher Art ist in dieser Wissenschaft vorhanden. Nicht so steht es, wenn man die leiblichen Gegenstücke für das Fühlen und Wollen bestimmen will. In bezug darauf muß man sich innerhalb der Ergebnisse gegenwärtiger Physiologie erst den richtigen Weg bahnen. Ist man auf denselben gelangt, so findet man, daß man wie das Vorstellen zur Nerventätigkeit so das Fühlen in Beziehung bringen muß zu demjenigen Lebensrhythmus, der in der Atmungstätigkeit seine Mitte hat und mit ihr zusammenhängt. Man hat dabei zu berücksichtigen, daß man zu dem angestrebten Ziele den Atmungsrhythmus mit allem, was mit ihm zusammenhängt, bis in die äußersten peripherischen Teile der Organisation verfolgen muß. Um auf diesem Gebiete zu konkreten Ergebnissen zu gelangen, müssen die Erfahrungen der physiologischen Forschung in einer Richtung verfolgt werden, welche heute noch vielfach ungewohnt ist. Erst wenn man dies vollbringt, werden alle Widersprüche verschwinden, die sich zunächst ergeben, wenn Fühlen und Atmungsrhythmus zusammengebracht werden. Was zunächst zum Widerspruch herausfordert, wird bei näherem Eingehen zum Beweise für diese Beziehung. Aus dem weiten Gebiet, das hier verfolgt werden muß, sei nur ein einziges Beispiel herausgehoben. Das Erleben des Musikalischen beruht auf einem Fühlen. Der Inhalt des musikalischen Gebildes aber lebt in dem Vorstellen, das durch die Wahrnehmungen des Gehörs vermittelt wird. Wodurch entsteht das musikalische Gefühls-Erlebnis? Die *Vorstellung* des Tongebildes, die auf Gehörorgan und Nervenvorgang beruht, ist noch nicht dieses musikalische Erlebnis. Das letztere entsteht, indem im Gehirn der Atmungsrhythmus in seiner Fortsetzung bis in dieses Organ hinein, sich begegnet mit dem, was durch Ohr und Nervensystem vollbracht wird. Und die Seele lebt nun nicht in dem bloß Gehörten und Vorgestellten, sondern sie lebt in dem Atmungsrhythmus; sie erlebt dasjenige, was im Atmungsrhythmus ausgelöst wird dadurch, daß gewissermaßen das im Nervensystem Vorgehende heranstößt an dieses rhythmische Leben. Man muß nur die Physiologie des Atmungsrhythmus im rechten Lichte sehen, so wird man umfänglich zur Anerkennung des Satzes kommen: die Seele erlebt fühlend, indem sie sich dabei ähnlich auf den Atmungsrhythmus stützt wie im Vorstellen auf die Nervenvorgänge. – Und bezüglich des Wollens findet man, daß dieses sich in ähnlicher Art stützt auf Stoffwechselvorgänge. Wieder muß da in Betracht gezogen werden, was alles an Verzweigungen und Ausläufern der Stoffwechselvorgänge im ganzen Organismus in Betracht kommt. Wie dann, wenn etwas ‹vorgestellt› wird, sich ein Nervenvorgang abspielt, auf Grund dessen die Seele sich ihres Vorgestellten bewußt wird, wie ferner dann, wenn etwas ‹gefühlt› wird, eine Modifikation des Atmungsrhythmus verläuft, durch die in der Seele ein Gefühl auflebt: *so* geht, wenn etwas ‹gewollt› wird, ein Stoffwechselvorgang vor sich, der die leibliche Grundlage ist für das als Wollen in der Seele Erlebte. – Nun ist in der Seele ein vollbewußtes waches Erleben nur für das vom Nervensystem vermittelte Vorstellen vorhanden. Was durch den Atmungsrhythmus vermittelt wird, das lebt im gewöhnlichen Bewußtsein in jener Stärke, welche die Traumvorstellungen haben. Dazu gehört alles Gefühlsartige, auch alle Affekte, alle Leidenschaften und so weiter. Das Wollen, das auf Stoffwechselvorgänge gestützt ist, wird in keinem höheren Grade bewußt erlebt als in jenem ganz dumpfen, der im Schlafe vorhanden ist. Man wird bei genauer Betrachtung des hier in Frage Kommenden bemerken, daß man das Wollen ganz anders erlebt als das Vorstellen. Das letztere erlebt man, wie man etwa eine von Farbe bestrichene Fläche sieht; das Wollen so wie eine schwarze Fläche innerhalb eines farbigen Feldes. Man ‹sieht› innerhalb der Fläche, auf der keine Farbe ist, eben deshalb etwas, weil im Gegensatz zu der Umgebung, von der Farben-Eindrücke ausgehen, von dieser Fläche keine solchen Eindrücke kommen: man ‹stellt das Wollen vor›, weil innerhalb der Vorstellungs-Erlebnisse der Seele an gewissen Stellen sich ein

Nicht-Vorstellen einfügt, das sich in das vollbewußte Erleben hineinstellt ähnlich wie die im Schlafe zugebrachten Unterbrechungen des Bewußtseins in den bewußten Lebenslauf. Aus diesen verschiedenen Arten des bewußten Erlebens ergibt sich die Mannigfaltigkeit des seelischen Erfahrens in Vorstellen, Fühlen und Wollen.»*

Daß diese drei Systeme nicht immer harmonisch und gleichmäßig entwickelt sind, dürfte deutlich sein. Wir lehren unsere künftigen Heilpädagogen darum auch – neben der Ehrfurcht vor der Individualität –, die Konstitution gerade in ihrer Dreigliedrigkeit in Betracht zu ziehen.

Vor Jahren stieß Bernard Lievegoed auf die Typologie des Franzosen Sigaud, der seiner Meinung nach in seiner Konstitutionslehre am meisten die Anschauung von Rudolf Steiner über die Dreigliedrigkeit des menschlichen Organismus deutlich machte. In einer detaillierten Beschreibung arbeitete er die Typologie so aus, daß sie dem Heilpädagogen in seiner täglichen Praxis eine große Stütze sein kann.

Sigaud unterschied vier Typen: den cerebralen Typus, den respiratorischen Typus, den digestiven Typus und einen vierten muskulär-motorischen Typus als ein harmonisches Zusammengehen der ersten drei, mehr einseitig entwickelten Typen. Sigaud hatte also in hohem Maße einen Blick für die Einseitigkeit, die auftritt, je nachdem, ob das Nerven-Sinnes-System, das rhythmische System oder das Stoffwechselsystem in den Vordergrund tritt.

Kurse, die über diese Typologie gegeben wurden, haben sehr aufklärend gewirkt und sind eine Hilfe bei dem «Sehen»-lernen eines Kindes, gerade in seiner Einseitigkeit und als Grundlage für ein gestörtes Verhalten.

Sie sind auch heute noch ein Leitfaden bei unserer Ausbildung.

N. Lievegoed- Schatborn

* R. Steiner, *Von Seelenrätseln*, GA 21, Dornach [4]1976, S. 150f.

2.

Einteilung und Ausgangspunkte für die Heilpädagogik

Während das Kind, wenn es zur Schule kommt, bereits das erste stürmische Wachstum hinter sich hat, befindet es sich noch in einem intensiven geistigen Wachstum, das durch den Unterricht nicht wenig beeinflußt wird.

Geistiges Wachstum bedeutet aber das *Abbrechen* von Altem und das *Aufbauen* einer neuen Wesensstruktur (zum Beispiel das Abbrechen des Kleinkind-Daseins und das Aufbauen des Schulkind-Daseins). Bei diesem Aufbau spielen biologisch-körperliche Konstitutionsfaktoren eine Rolle, neben den Faktoren, in denen sich das Ich des Kindes in seinem einmaligen Menschsein zeigt.

Es ist wichtig: 1. die *biologisch-körperliche Konstitution* des Kindes kennenzulernen – diese ist ja die Basis seiner Reaktionsweise in physischer und psychischer Hinsicht – und 2. die *Lebenshaltung* des Kindes. Diese entwickelt sich einerseits im Umgang mit dem eigenen Ich, andererseits durch die Umgebung im weitesten Sinne des Wortes, zu ihr gehört auch die eigene Konstitution. Entspricht diese Lebenshaltung der Altersphase des Kindes oder liegt eine Verhaltensstörung vor, weil das Kind den für sein Alter normalen Umgang nicht erreichen oder beibehalten konnte?

3. Es ist wesentlich, bei *jedem* Kind die Einmaligkeit des *Ichs* als des menschlichen Wesens nicht aus dem Auge zu verlieren. Dieses Ich kann nur dann zur Selbstoffenbarung kommen, nur dann

seine Mission in der Welt erfüllen, wenn es von anderen in Liebe erkannt und anerkannt wird. Bei aller Wissenschaft, Methodik und Systematik ist in der pädagogischen Haltung gegenüber dem Kind die Liebe die einzig wahre Therapie.

3.

Allgemeine Orientierung in Beziehung zu den Typologien

Sehen wir uns eine Klasse normaler holländischer Kinder an, dann fällt uns auf, daß diese in einer bestimmten Gegend einen Grundtypus zeigt, der den größten Teil der Klasse ausmacht. Eine kleine Gruppe weicht deutlich in der Gestalt und meist auch im Verhalten ab. Unter dieser letzten Gruppe sind eine Anzahl schwieriger Kinder, die, ohne abnormal zu sein, durch ihre andere Art zu reagieren ein Problem für den Lehrer und für die Gruppe, in der sie leben, darstellen. Wenn es möglich wäre, diese ausgesprochenen Typen nach Gestalt, Temperament und Reaktionsweise zu gruppieren, dann hätte der Lehrer ein Hilfsmittel, um zumindest einen Teil seiner Problemkinder zu erkennen und auf die richtige Weise behandeln zu können.

Schon im Altertum versuchte man, bestimmte Konstitutionstypen zu unterscheiden. Hippokrates sprach vom phthisischen und apoplektischen Habitus und meinte damit den langen, mageren Typus, der zu Lungenkrankheiten neigt, und den kleinen, breitgestaltigen, der ein gutes Leben liebt und zu Rheuma und Schlaganfall neigt. Und er entwickelte die Lehre von den vier Temperamenten: dem cholerischen, jähzornigen, verbunden mit gedrungenem Körperbau; dem phlegmatischen, ruhigen, mit runden Formen und zur Dicke im Rumpf neigend; dem sanguinischen, beweglichen, mit harmonischen Formen und dem melancholischen, dem langen Typus, der zum Grübeln und zu Depressionen neigt.

Die alten Griechen sahen den Grund für die Unterschiede in Konstitution und geistiger Beschaffenheit in der verschiedenen Mischung der Körpersäfte: Galle, Lymphe und Blut. Auch der griechische Arzt Empedokles beschäftigte sich viel mit der Lehre von den Temperamenten und brachte sie in Zusammenhang mit den vier Elementen: Erde, Wasser, Luft und Feuer.

Der große Gelehrte Aristoteles entwickelte in seinen naturwissenschaftlichen Arbeiten gleichfalls eine Konstitutionslehre. Sie bezog sich hauptsächlich auf die Körperübungen, die bei den Griechen in so hohem Ansehen standen. Phylostratos, der Sophist, der im dritten Jahrhundert n. Chr. lebte, schrieb eine ausführliche Abhandlung über Gymnastik, wobei er in Zusammenhang mit den verschiedenen Sportarten eine vollständige Konstitutionslehre beschreibt. Die antike Temperamentenlehre hat während des ganzen Mittelalters im medizinischen Denken eine große Rolle gespielt. Auch der bekannte Arzt Paracelsus hat sich viel mit den verschiedenen Abweichungen von den Konstitutionstypen beschäftigt. Danach wandte man sich erst gegen Ende des letzten und zu Anfang dieses Jahrhunderts erneut der Typologie und der Konstitutionslehre zu und versuchte nun, von modernen Gesichtspunkten aus einen Weg zu finden. Dabei forschte man nach verschiedenen Ursachen, die die abweichenden oder verschiedenen Typen erklären konnten. Diese Ursachen können erblicher Art sein oder durch Krankheit oder Milieueinflüsse hervorgerufen werden. Es besteht offensichtlich ein Zusammenhang zwischen dem äußerlichen Typus und der charakterologischen Struktur des Menschen. Das bedeutet auch, daß bestimmte Gestalt- und Konstitutionsformen mit charakteristischen psychischen Reaktionsformen zusammenhängen. Es ist darum von großer Wichtigkeit, daß wir diese Gestalttypen kennen, um die Reaktionsweisen verstehen zu können.

Im letzten Jahrhundert, 1869, begann die erneute Suche nach einer Typologie mit der Arbeit von Gould, der in der amerikanischen Armee bei seinen Untersuchungen «Typen» feststellte.

Seitdem haben viele andere auf diesem Gebiet geforscht, meist von speziellen Gesichtspunkten aus. Es bildeten sich eine französische und eine deutsche Schule heraus. Die französische schloß sich an die Arbeit des Arztes Claude Sigaud an. Schon 1906 schrieb er *Les origines de la maladie.* 1914 folgte sein Buch *La forme humaine.* Léon Mac-Auliffe (*Les tempéraments*, 1920) und Chaillon (*La morphologie médicale*, 1912) haben Sigauds Arbeit auf verschiedenen Gebieten fortgeführt. 1947 erschien aus dieser Schule die ausgezeichnete Arbeit von Louis Corman: *Le diagnostique du tempérament par la morphologie.* Diese französischen Schriften sind leider in Holland unbekannt geblieben.

Die deutsche Schule, die an Kretschmers Arbeit *Körperbau und Charakter* anschließt, erlangte größere Bekanntheit. Diese Typologie erhielt vor allem für die Psychiatrie Bedeutung. Kretschmers Einteilung hat ihren Wert bewiesen. Ein Nachteil für unseren Zweck ist aber:

1. daß die Typologie von Kretschmer wesentlich weniger differenziert ist als die französische Typologie und
2. daß sie erst nach der Pubertät brauchbar wird, während Sigauds Typologie (vor allem in ihrer Ausarbeitung durch Corman) die Basis für eine brauchbare Typologie von den ersten Kinderjahren an gibt, obwohl diese Forscher sich nur am Rande mit Kindern beschäftigt haben.

Neben der medizinischen Typologie, die dazu dient, bestimmte konstitutionelle Reaktionsformen von körperlichen und geistigen Krankheiten zu unterscheiden, gibt es vor allem für die Sportausübung eine ausführliche Literatur über den Zusammenhang von Sport und Konstitution. Jan Korpershoek veröffentlichte 1940 eine Übersicht über alles auf diesem Gebiet Erschienene.*

* Jan Korpershoek, *Lichamelijke en geestelijke structuur- en functietypen in de lichaamsoefeningen* (Körperliche und geistige Struktur- und Funktionstypen und die Körperübungen), Rotterdam 1940.

Sigaud hat *vier Grundtypen* beschrieben: den *cerebrale*n, den *respiratorischen* und den *digestiven* Typus, wobei jeweils einseitig die Nerven und die Sinnesorgane, die Atmungs- beziehungsweise die Stoffwechselorgane in den Vordergrund treten, und als vierten Typus den *motorischen*, der ein harmonisches Gleichgewicht der drei vorigen Gebiete zeigt, wobei der Hauptakzent auf der Entwicklung der Bewegungsorgane (Gliedmaßen) liegt.

Corman arbeitet demgegenüber noch einen neuen Gesichtspunkt aus: das, was er die Neigung zu *Expansion* oder *Dilatation* und zu *Retraktion* oder *Konservation* nennt. Im Falle der Expansion wirken die aufbauenden Jugendkräfte noch lange Zeit weiter, so daß diese Menschen jugendlich und offen im Leben stehen, im Falle der Retraktion wirken die abbrechenden oder auch konservierenden Kräfte des Alters zu früh und zu stark, so daß diese Menschen etwas Verschlossenes haben, sie sehen älter aus, als sie sind. Beide Gruppen haben ihre eigene Verbindung von körperlichen und geistigen Krankheiten und Reaktionsweisen.

4.

Spezielle Begriffe in der Typologie von Sigaud und Corman

Sigaud und Corman haben als Ärzte ihr Augenmerk auf den erwachsenen Patienten gerichtet. Für das Kind gelten jedoch noch etwas andere Gesichtspunkte. Schon lange, bevor Corman seine Arbeit veröffentlichte, schien es uns, daß Sigauds Typologie einer Ergänzung bedürfe. Um die Schwierigkeiten der entwicklungsgestörten Kinder zu erkennen, ist es angebracht, den Gesichtspunkt der zu langsamen und zu schnellen Entwicklung einzuführen. Bei der sich langsam entwickelnden Gruppe hat man mit *Retardation* zu tun, oft auch, weil zu hohe Forderungen gestellt werden, mit Regression. Durch Retardation und Regression können Verhaltensstörungen auftreten. Bei der zu schnellen, also *propulsiven* Entwicklung kann das Kind seine Zeit beinahe nicht abwarten und entwickelt sowohl körperlich als auch geistig schon Reaktionsformen und Fähigkeiten einer höheren Altersstufe. Dies beobachten wir vor allem auf *intellektuellem* Gebiet (die frühreifen, überintellektuellen Kinder), oft auch auf *motorischem* Gebiet (die Kinder mit ungezügeltem Bewegungsdrang). Diese Kinder sehen älter aus, als sie sind, und trotz ihres Vorsprunges auf gewissen Gebieten beobachtet man immer wieder das Manko auf anderen Gebieten, namentlich in der affektiven Entwicklung. Das Kind ist durch sein Kindsein gegen vieles, was aus der Umgebung auf es einstürmt, geschützt, es träumt an vielem vorbei, was das propulsive Kind bemerkt und dadurch verarbeiten muß.

Es bedarf wohl keiner Erörterung, daß unsere Einführung der Begriffe Retardation und Propulsion in die Typologie von Sigaud oft aufs gleiche hinausläuft wie bei Corman, als er die Begriffe Expansion und Retraktion für die Erwachsenen einführte.

Der *expansive* (beim Kind *retardierte*) Typus ist besonders deutlich an der *Physiognomie* zu erkennen. *Der retardiert-expansive Typus hat «offene» Sinne.* Die Augen sind träumerisch, groß, offen und rund und treten oft etwas aus den Augenhöhlen. Die Nasenflügel und Nasenlöcher sind sichtbar, der Mund ist «aufblühend», häufig sogar offenstehend, die Lippen etwas vorgewölbt, vor allem die Oberlippe. Diese Kinder haben etwas «Kosmisch»-Himmlisches. *Der propulsiv-retraktive Typus hat verschlossene Sinne.* Die Augen liegen tief in den Höhlen, sind klein und durch die Stirn überschattet, etwas schlitzförmig und höchst aktiv; die Nase ist scharf geschnitten, Nasenflügel oval, Nasenlöcher klein. Der Mund ist klein, mit scharfen, dünnen Lippen. Dadurch wirkt das Gesicht stark individuell und älter und aufs «Irdische» gerichtet.

Diese Unterschiede sind am deutlichsten beim cerebralen und beim respiratorischen Typus zu sehen, beim motorischen fallen sie weniger auf, während das digestive Kind in der Jugend immer expansiv wirkt, hier erkennt man den Unterschied dann auch viel mehr an dem passiven oder aktiven Blick und an der Mimik.

5.

Beschreibung der vier Haupttypen nach Sigaud

An erster Stelle beschreibt Sigaud den *cerebralen* Typus. Das Wort deutet bereits an, daß hierbei das Gehirn und die Entwicklung des ganzen Nervenapparates im Vordergrund stehen. Der zweite Typus ist der *respiratorische*. Hierbei überwiegt der Brustkorb mit der Atmung. Der dritte ist der *digestive* Typus, der Stoffwechseltypus, bei dem die Stoffwechselorgane am stärksten entwickelt sind. Der vierte Typus ist der *motorische*, auch *muskulärer* Typus genannt; bei diesem ist der Bewegungsapparat von Armen und Beinen harmonisch entwickelt.

In den Niederlanden haben die meisten Kinder einen gemischt digestiv-motorischen Bau, und die Charakterstruktur ist entsprechend. Der respiratorische Typus kommt in den Niederlanden weit weniger vor als in Südfrankreich und Österreich, wo er einen erheblichen Teil der Bevölkerung darstellt. Den cerebralen Typus trifft man in den Niederlanden manchmal, vor allem unter den Stadtkindern, an. Dies letztere beruht nicht nur auf Milieueinflüssen. Man darf auch nicht vergessen, daß schon seit Generationen Menschen des cerebralen Typus vom Land in die Stadt gezogen sind, wo sie sich wohler fühlen. Wie bereits gesagt, in den ländlichen Gebieten der Niederlande sind die meisten Kinder von gemischt motorisch-digestivem Habitus, man trifft auch ausgesprochen digestive, ausgesprochen motorische und ausgesprochen cerebrale Typen an.

Wie können wir diese Kinder unterscheiden? Schon vom ersten

Tag nach der Geburt an benimmt sich der digestive Säugling anders als der cerebrale. Äußerlich kann man die Typen schon an der Gesichtsform auf folgende Weise erkennen. Man mißt 1. den Abstand zwischen Haaransatz und Augenbrauen; 2. den Abstand zwischen Augenbrauen und Nasenspitze; 3. den Abstand von der Nasenspitze bis zum Kinn. Bei den cerebralen ist der Abstand zwischen Haaransatz und Augenbrauen größer als die anderen beiden. Bei den muskulären ist alles ungefähr gleich. Bei den respiratorischen ist das Mittelstück, das zwischen den Augenbrauen und der Nasenspitze, das größte, und bei den digestiven ist der Abstand von der Nasenspitze zum Kinn der größte.

Diese letzteren Kinder haben einen kleinen Mund und ein breites Unterkinn, so daß ihr ganzer Kopf etwas viereckig wirkt. Sie haben meist kleine, abstehende Ohren. Im allgemeinen kann man über diese Typen folgendes sagen. Beim *cerebralen Typus* sind das Nervensystem und die Sinne besonders stark entwickelt. Der Schädel ist dann entsprechend stark ausgebildet, der Kopf relativ groß, und der Rumpf und die Glieder sind fein und fragil. Es sind nervöse Kinder, die in der Wiege meist schnell wach sind und viel weinen. Sie haben einen zarten Bau und als Baby leicht Ernährungsstörungen. Wenn sie älter sind, können sie Eindrücke schnell verarbeiten, sie sind intelligent, sie haben Initiative, sie können selbständig denken. Ihr allgemeiner Widerstand gegen Krankheiten wird durch ihre Nervosität herabgesetzt.

Beim *muskulären Typus* sind die drei Abstände gleich. Das Kind ist harmonisch gebaut. Herz, Zirkulation und Muskeln arbeiten ausgezeichnet, wodurch ein gutes Gleichgewicht entsteht. Im allgemeinen haben sie als Säuglinge wenig Haare und eng anliegende Ohren, sie haben ein vorbildliches Verhalten und gedeihen mit wenig Nahrung; es sind schöne Kinder, und als Kleinkinder entwickeln sie sich rasch. Ihre körperliche Entwicklung ist aber besser als ihre geistige. Sie sind beweglich und unternehmungslustig, haben aber wenig Phantasie; sie entwickeln sich vor allem durch das Handeln, haben eine mehr praktische als theoretische Intelligenz, lernen alles durch Nachahmung, durch Übung. Sie sprechen früh und begreifen spät. Sie sind zwar erfinderisch, aber nicht ausgesprochen scharfsinnig und schöpferisch in ihrer Arbeit. Durch ihre große Geschicklichkeit und ihre ausgeprägte Nachahmungsgabe leiden sie schnell an Selbstüberschätzung. Sie können sich schwer konzentrieren und enttäuschen in der Schule.

Bei dem *respiratorischen* Kind herrscht der Mittelteil des Gesichtes vor; entsprechend sind diese Kinder auch in ihrer gesamten Körperlänge meist ziemlich gestreckt. Sie haben einen ausgesprochen breiten und geräumigen Brustkorb. Sie haben etwas Aristokratisches an sich – «das Prinzchen der Familie». Durch ihre etwas «eigene», manchmal eigensinnige Art neigen sie im allgemeinen zu Herrschsucht und Jähzorn.

Für die Niederlande ist vor allem der *digestive* Typus wichtig. Bei diesen Kindern herrscht die untere Gesichtspartie vor. Als Säuglinge sind sie dick. Ihre Entwicklung verläuft träge, sie reagieren langsam und haben wenig Initiative. Intelligenz ist bei ihnen in allen Graden anzutreffen, aber selten eine große. Sie sind stark instinktiv entwickelt. Die körperlichen Funktionen arbeiten ausgezeichnet. Die Kinder haben einen guten Appetit, einen ruhigen Schlaf, sie werden schnell dick. Ihre große Ausdauer kann zur Dickköpfigkeit ausarten. Im allgemeinen läßt sich sagen, daß sie ein phlegmatisches Temperament haben.

Neben dem konstitutionell erblich veranlagten Typus muß man aber noch einen anderen Faktor in Betracht ziehen, um als Pädagoge fruchtbar mit der Typologie von Sigaud arbeiten zu können. Dieser Faktor ist das *Tempo der Entwicklung.* Schon von Anfang an bemerkt man Kinder, die die Neigung haben, ihre *Entwicklung* zu verlangsamen, lange in bestehenden Phasen hängenzubleiben. Sie haben für jeden nächsten Schritt einen großen Widerstand zu überwinden. Im Kleinkindalter haben sie noch viele Säuglingsmerkmale, im Schulalter die Reaktionen eines Kleinkindes. Sie sind spät schulreif, sowohl körperlich als auch geistig (intellektuell und sozial). Man nennt diese Entwicklung

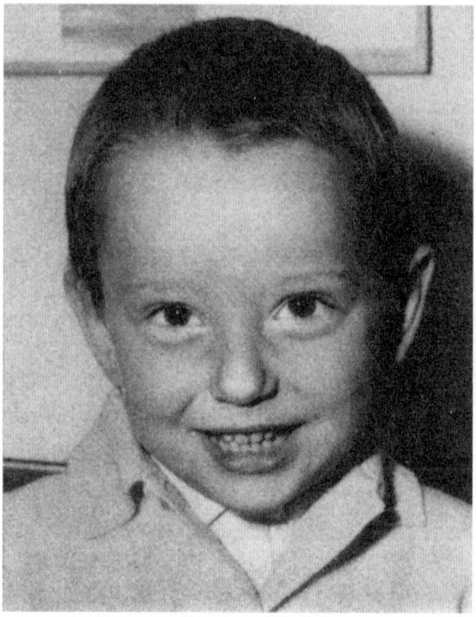

Cerebraler Junge – viereinhalb Jahre alt

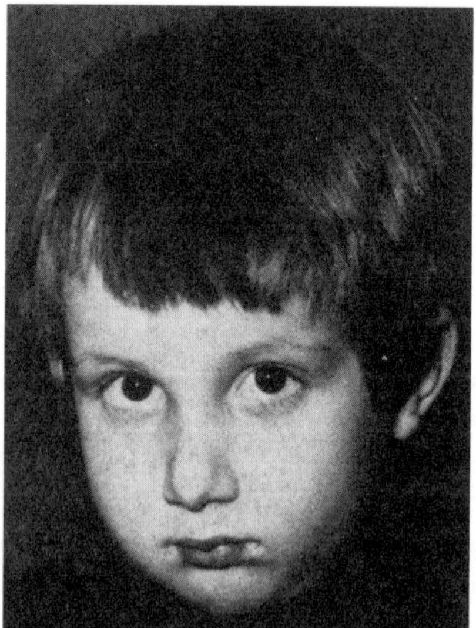

Respiratorischer Junge – dreieinhalb Jahre alt

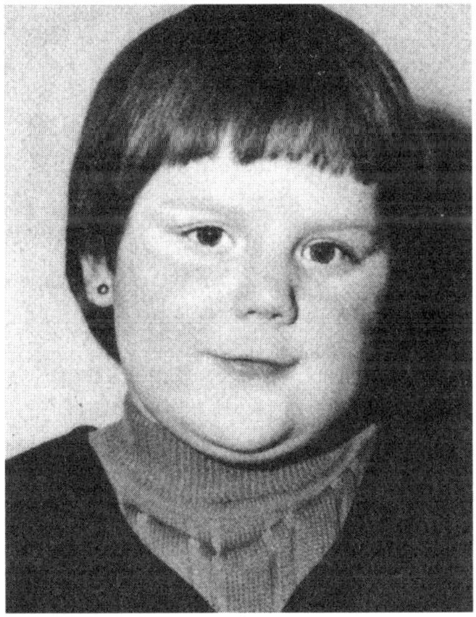

Digestives Mädchen – achteinhalb Jahre alt

Motorisches Mädchen – neun Jahre alt

retardiert. Bei Schwierigkeiten auf ihrem Lebensweg fallen sie schnell in die Reaktionsformen eines jüngeren Alters zurück, in kindlichere Lebensformen als die ihrem Alter eigentlich gemäßen, die sie in ihrer guten Periode doch schon erworben hatten (Regressionen).

Eine andere Gruppe von Kindern hingegen können sozusagen ihre Zeit nicht abwarten. Sie drängen *zu früh* nach einer Entwicklungsphase, welche die ihre noch nicht ist. Überwach, alles aufnehmend, müssen diese Kinder schon viele Eindrücke verarbeiten, an denen gleichaltrige Kinder vorbeiträumen, vor denen sie das Leben in ihrer eigenen Kinderwelt schützt. Eine unruhige Umgebung mit vielen Sinneseindrücken und ehrgeizige Eltern verstärken diese Entwicklungstendenz. Gerade diese Kinder sollten in einem ruhigen, konsequenten Milieu aufwachsen. Man sollte ihre Neigung, alles zu früh zu lernen, nicht unterstützen und ihnen vor allem keinen Nachhilfeunterricht geben lassen, um sie eine Klasse überspringen zu lassen. Denn eine zu frühe intellektuelle Entwicklung stellt das Kind affektiv vor Probleme, die es noch gar nicht verarbeiten kann.

Die Erlebnissphäre bleibt dadurch arm und leer, und erst später zeigt sich, daß diese Kinder immer schwerer sozialen Kontakt bekommen.

6.

Nähere Betrachtung der vier Haupttypen im Hinblick auf Retardation und Propulsion

Wir wollen nun versuchen, die vier Typen von Sigaud der Reihe nach in einer zu langsamen und einer zu schnellen Entwicklung darzustellen.

1. Das retardierte cerebrale Kind ist leicht zu erkennen. Den Kindergarten betrat es mit großen ängstlichen Augen, sich an der Mutter festhaltend. Die vielen unbekannten Kinder kann es nicht verarbeiten. Es zieht sich in eine Ecke zurück und betrachtet von dort aus die fremde Welt. Hat es sich etwas eingelebt, dann kann es allmählich mitmachen, aber aufgeweckteren Kindern ist es nicht gewachsen. Wird frei gespielt, sieht man dieses Kind in einer Ecke mit einer Puppe spielen, sie an- und ausziehen. Doch bald bleibt die Puppe liegen, und das Kind versinkt mit offenen Augen in seine eigene Welt. Bisweilen sitzt es da noch immer und hat seine Umgebung vergessen, während alle anderen Kinder schon längst um einen Tisch versammelt sind. Die Kindergärtnerin tut gut daran, solch ein Kind vorsichtig zu wecken und in das Geschehen mit einzubeziehen. Plötzliches Rufen, überhaupt jedes Aufschrecken, wirkt tief und kann Schocks hervorrufen, die sich dann in einem Widerwillen gegen die Schule äußern. Diese Kinder sind äußerst verletzbar durch jedes harte Wort, durch eine leichte Berührung, die sie wie einen Schlag erleben und nicht verarbeiten können. Auffallend sind bei vielen die schöne, hohe Stirn, das weiche Haar, die großen, verträumten Augen. Sie werden erst spät

Retardiertes cerebrales Mädchen
neuneinhalb Jahre alt

schulreif und kommen in den ersten Klassen schlecht mit. Aber sie lernen oft mehr, als man denkt, und ihre Intelligenz kann sehr gut sein. Wenn diese Kinder nicht verstanden werden, können sie für dumm gehalten werden, und ihre Neigung zur Regression läßt sie um so mehr infantil reagieren, als sie den Widerstand der Umgebung erleben. Unauffällig kann man mit einem einzigen freundlichen Wort diese Kinder aus ihrer Traumwelt holen und sie dazu anregen, in der Klasse wieder mitzumachen. Sie sind meist auditiv veranlagt. Märchen erleben sie tiefer als andere Kinder; das Widrige in einem Märchen oder ein ungerechtes Schicksal kann sie lange beschäftigen.

Ihre Intelligenz ist ausgesprochen schöpferisch, originell.

Später werden kreative Denker und Künstler aus ihnen. Mit trockenem, intellektuellem Stoff haben sie anfangs viel Mühe.

Diese Kinder werden in der Schule besser, je älter sie werden, eigentlich kommen sie erst in Schwung, wenn sie studieren, in ihrem eigenen Tempo arbeiten und ihr Studium selbst bestimmen können. Ein strenger Klassenunterricht ist für diese Kinder ein Leidensweg. Bei Entwürfen und Aufsätzen überraschen sie durch ihre Wiedergabe, ihren Ausdruck, ihre Hingabe und die Ursprünglichkeit ihrer Arbeit. Sie sind oft erkältet, haben schon als Kleinkinder häufig Bronchitis und als Säugling Ernährungsstörungen. Schon der Übergang vom Stillen zur gemischten Nahrung bereitet Schwierigkeiten. Im Winter versäumen sie viel durch Perioden leichter Temperaturerhöhung ohne andere Symptome als die einer geringfügigen Erkältung. Oft leiden sie unbemerkt an chronischer Nebenhöhlenentzündung, wodurch sie labil und reizbar sind.

Die Zukunft dieses Kindes hängt in hohem Maße vom Verständnis der Eltern und Lehrer ab. Wird es von einer zu aktiven Mutter oder von einem Lehrer, der das Kind zu den Schwachbegabten rechnet, nicht begriffen, dann können schwere Regressionen oder Angstzustände auftreten. Die Ängste dieses Kindes gründen alle darin, daß es der Welt nicht gewachsen ist. In Träumen und in der Phantasie fühlt sich das Kind von Ungeheuern bedroht, womit es seine Ängste symbolisiert. Manches retardierte cerebrale Kind hat unbemerkt stark unter diesen Ängsten gelitten. Es wurde in der Schule viel geneckt und war ein wehrloses Opfer der robusteren Mitschüler. Etwas älter, flüchtet sich dieses Kind oft in Bücher, denn es ist linkisch und unsportlich. Die Freundschaft mit einem Erwachsenen oder Gleichaltrigen kann tief und bleibend sein. Es ist in seinen Freundschaften treu, obwohl die anderen es mit ihrer Grobheit oder ihrem Unverständnis oft enttäuschen. Erkennt der Lehrer solch ein Kind, sieht er das Unverdorbene und den Reichtum, der hinter dem scheinbaren Mangel an Interesse liegt, dann kann er ihm mit einem einzigen Zunicken, einer kleinen Ermutigung, einem verständnisvollen Lächeln helfen und dadurch seine Schulleistungen steigern. Diese Kinder

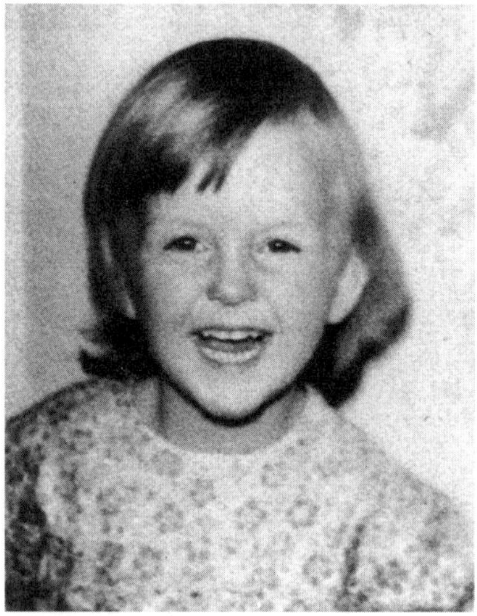

Propulsives cerebrales Mädchen
fast vier Jahre alt

sind rasch entmutigt und neigen zu Minderwertigkeitsgefühlen, die sehr tief liegen und eine starke Hemmung für die spätere produktive Entfaltung sein können.

2. *Das propulsive cerebrale Kind* kündigt seine Schwierigkeiten schon am ersten Lebenstage an. Mager, mit großen Augen, beinahe erwachsen um sich sehend, liegt es in der Wiege. Es schläft kurz und wenig tief, jedes Geräusch, jeder Lichtstrahl läßt es erwachen. Und Wachsein bedeutet bei diesem Kind: *Weinen*. Es trinkt gierig, verschluckt sich, wird durch jedes Geräusch im Zimmer abgelenkt, die Eingeweide sind schnell verstimmt. Die Entwicklung dieses Kindes geht schnell vonstatten. Es spricht früh und hat bald die ganze Familie um seinen Finger gewickelt, mit treffsicherer Gewißheit weiß es jeden Erwachsenen so lange zu

reizen, bis es seinen Willen bekommt. Anderen Kindern gegenüber ist es aggressiv, aber zugleich auch ängstlich. Es entstehen leicht Streitigkeiten, wobei das Kind schreit und sich benachteiligt fühlt – Symptome, die wir auch beim neuropathischen Kind beobachten können. Spielend lernt dieses Kind; wenn es zur Schule kommt, kennt es bereits alle Buchstaben und kann schon zählen. Es will immer reden, bevor es an die Reihe kommt, und es ist eifersüchtig, wenn es nicht die besten Noten hat. Abstrakten Lehrstoff nimmt es mühelos auf, aber ein Märchen wird ihm sehr bald langweilig, vor allen Dingen, wenn es ihm nicht mehr neu ist. Über «die Moral von der Geschicht» wird hinweggesehen, und der praktische Inhalt ist das wichtigste, vor allem, wenn viel geschieht. In der Klasse ist es ein lästiges Kind, aber ein intelligenter Schüler. Es besteht die Gefahr, daß der Erwachsene, gereizt durch die Unruhe und die Ungehorsamkeit dieses Kindes, seine eigene Aggression gegen die Aggression des Kindes stellt. Dabei ist eines sicher: Der Erwachsene zieht den kürzeren, was die Ausdauer angeht, und dem Kind wird in seiner Lage nicht geholfen. Es ist besser, ihm viele Aufgaben zu stellen, bei denen es aufs Handeln und auf die schöpferische Arbeit ankommt. Dann zeigt sich erst, daß dieser kleine Unruhgeist mehr mit dem Mund als mit den Händen leistet, was er natürlich mit viel Gerede zu verbergen sucht. Seine Intelligenz ist mehr abstrakt-reproduktiv als produktiv und ursprünglich. Bei diesen Kindern ist nach der Schulreife der ursprünglich cerebrale Typus nicht mehr direkt zu erkennen, denn die ursprüngliche Großköpfigkeit verwächst sich. Trotzdem kann man die cerebralen Kennzeichen an der hohen Stirn und an dem fragilen Körperbau mit wenig Muskelentwicklung erkennen. Die Mutter klagt über den schlechten Appetit ihres Kindes, sein Wählerischsein und seine Naschhaftigkeit; oft auch über Unehrlichkeiten, «Tauschen» mit Freunden, wobei der andere den kürzeren zieht. Da das Kind von den Kameraden nicht wirklich geliebt wird und es selbst auch wenig Liebe geben kann, weil die Umgebung sehr schnell Ausbeutungsobjekt für eigene Wünsche wird, ist es einsam, und es ist schwerer, mit ihm in Kontakt zu kommen, als mit dem retardiert-cerebralen Typus.

Die Schule macht diesen Kindern nicht die geringsten Schwierigkeiten, wenn man auch oft bemerkt, daß mit dem weniger schulmäßigen Lernen in den höheren Klassen der Oberschule die Leistungen abnehmen. Später werden aus ihnen kluge Menschen mit geringen Gefühlsqualitäten und schlechten sozialen Kontakten. Von Kindesbeinen an sind es Streber. Der Lehrer wird darum richtig handeln, wenn er diesem Kind in seiner affektiven Entwicklung besondere Aufmerksamkeit schenkt und es erleben läßt, daß es neben seinen intellektuellen Fähigkeiten auf anderen Gebieten noch vieles zu lernen hat. Er wird dadurch verhindern, daß das Kind später ein einsamer Mensch wird.

Der polare Typus des cerebralen ist der *digestive*. Während beim cerebralen Typus die ektodermalen Organe vorherrschen (also die Organe, die embryonal durch Abspaltung von der Haut entstehen) und alles auf die Organe, die im Dienste des Bewußtseins stehen, gerichtet ist, herrschen beim digestiven Typus die entodermalen Funktionen vor (also die Organe, die embryonal aus dem Urdarm entstehen). Hier ist alles auf den Stoffwechsel gerichtet und durch die Begierden getrieben, die von diesem Stoffwechsel aus in der Psyche bemerkbar werden.

3. *Das retardierte digestive Kind* hat meist bei der Geburt schon ein gehöriges Gewicht. Essen und Schlaf wechseln einander ohne Störung ab. Das Kind wird wach, um zu trinken, und trinkt dann ruhig, ausdauernd und genügend, um wieder zu schlafen, bis der Magen leer ist. Es wird rasch dick und etwas träge, aber leidet nicht so schnell an Darmstörungen. Es lernt spät laufen, aber wenn es einmal läuft, dann mit Ruhe und Ausdauer. Es ist im allgemeinen auf abstraktem Gebiet nicht besonders intelligent, aber äußerst begabt, wenn es darauf ankommt, etwas Praktisches zu erfinden, was seiner Bequemlichkeit dient. Als Kleinkind

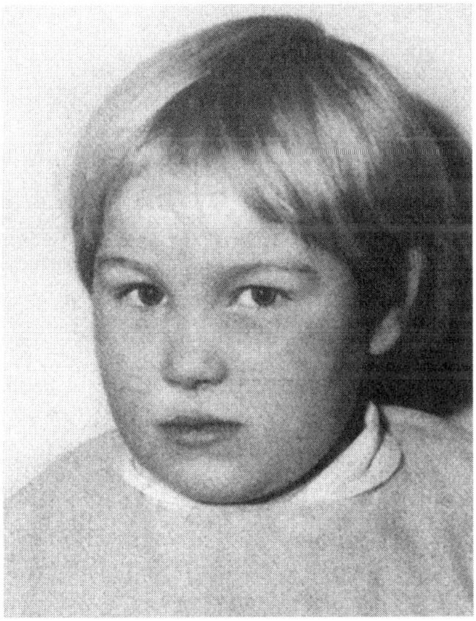

Retardiertes digestives Mädchen
fünf Jahre alt

macht es keine Probleme. Es ist unkompliziert, gutmütig, kann einen Stoß vertragen, kann ruhig mal vorgenommen werden, um es etwas zu aktivieren. Körperlich ist es an dem beinahe viereckigen Kopf zu erkennen. Als Säugling hat es meist helles Haar und kleine Öhrchen, es ist meist blaß und hat träge Gefäßreaktionen. Ins Schulalter gekommen, ist es ein runder, frischer Junge oder ein rundes, frisches Mädchen, phlegmatisch und gutmütig. In der Klasse träumt es, genau wie das retardierte cerebrale Kind, aber seine Phantasie ist von ganz anderer Art. Es kann die ersten Stunden herrlich ausführlich sein Frühstück verdauen, um danach in Erwartung des Butterbrotes in der Pause oder der Mahlzeit zu Hause aufzugehen. Wenn es sein muß, läßt sich dieses Kind zur Arbeit heranziehen, aber diese wird mit einem Minimum an Aufwand getan. In der Klasse ist es ein gleichgültiges, unauffälliges, gesundes Kind. In den Niederlanden kommt dieser Typus ziemlich oft vor, vor allem auf dem Lande. Die Triebe bleiben infantil auf den Mund fixiert und auf alles, was durch ihn aufgenommen werden kann. Viel geistige Bedürfnisse haben diese Kinder nicht; sie werden später zu etwas materialistischen, gemütlichen Menschen, die mit einfachen Normen zufrieden sind und darüber hinaus nicht viel hören wollen. Der Lehrer wird gut daran tun, das Brüten auf der eigenen Verdauung zu unterbrechen und von diesen Kindern eine gewisse geistige Aktivität zu fordern. Dies ist nicht leicht; für einen Scherz sind sie zugänglich, aber sie aktiv zu halten ist nicht einfach. Übermäßig sanft und einfühlsam braucht man mit ihnen nicht zu sein. Die Probleme dieser Kinder sind primitiv, und man braucht schon einige Ausdauer, sie auf ein höheres Niveau zu bekommen.

4. *Das propulsive digestive Kind* hat in seinen ersten Jahren viel mit dem vorigen Typus gemeinsam, es ist aber aktiver und heftiger. Die ruhige Ausdauer des sich langsam entwickelnden digestiven Typus wird hier zum Trotz. Im Kleinkindalter fallen diese Kinder durch ihre Geselligkeit und ausgesprochene Fröhlichkeit auf. Sie rutschen überall durch, machen ihre Scherze und sind, wo sie auch hinkommen, der fröhliche August in der Gruppe. Es ist der klassische Typus des Dick Trom.* Er ist in der Gefahr, mit brutaler Gewalt die eigenen Begierden durchzusetzen oder sich andauernd in halb manischer Stimmung zu befinden, wobei alles auf einen Strom von Scherzen abrutscht, die ein Ausweichen vor jeder Schwierigkeit verschleiern.

Dieser Typus wird später der Stammgast im Kaffee oder der dynamische Direktor, der Kapitän oder der Werkmeister, der rot anläuft, wenn ihm auch nur das geringste in die Quere kommt. Wird später das Ausleben der Triebe vom oralen Gebiet zur Sexualität verschoben, dann findet man auch auf diesem Gebiet viele

* Dick Trom ist eine bekannte Figur aus der holländischen Kinderliteratur.

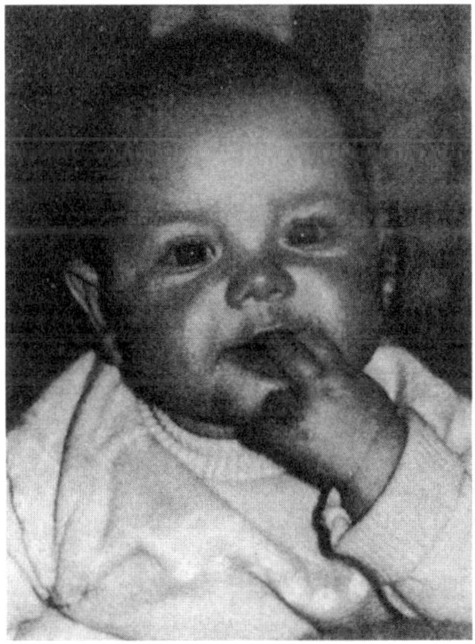

Propulsives digestives Mädchen
sieben Monate alt

unbeherrschte Personen in dieser Gruppe. Als Lehrer muß man aufpassen, daß man sich durch die Fröhlichkeit der Kinder nicht irreführen läßt, sondern von ihnen gediegene Arbeit fordert, vor allem auf manuellem Gebiet. Sie brauchen eine gewisse gutmütige, aber absolute Strenge in den Anforderungen, die gestellt werden, und müssen mehr als andere Kinder ihre Normen von außen auferlegt bekommen.

Eine kleine extreme Gruppe dieses Typus besteht aus Kindern, die so sehr von ihren Trieben beherrscht werden, daß sie nicht imstande sind, die notwendigen Strukturen aufzubauen, die einen regulierenden, hemmenden Einfluß auf das Triebleben ausüben.

Sie werden Außenseiter, und man kann sie nicht mehr in einer normalen Schule lassen. Sie brauchen eine sachkundige Behandlung, damit die ihnen drohende Gefahr abgewendet werden kann.

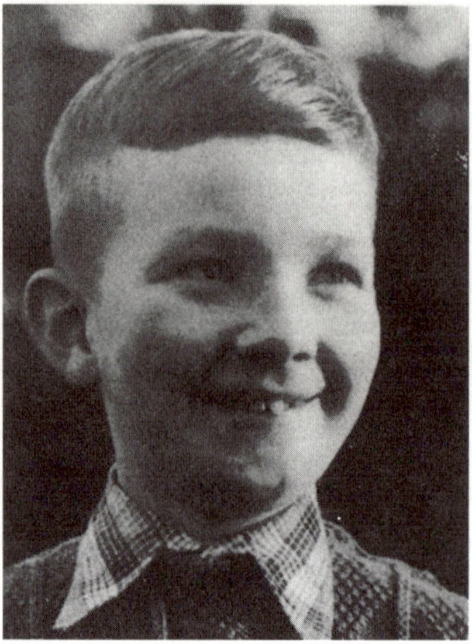

Retardierter motorischer Junge
fast zehn Jahre alt

5. *Das retardierte motorische Kind* hat wenig ausgesprochene Merkmale. Der Körperbau ist harmonisch, als Säugling ist es groß, beweglich, läuft und spricht früh – ein Kind, das mehr verspricht, als es halten kann. Die Intelligenz liegt vor allem auf praktischem Gebiet. Das Kind lernt durch Nachahmung: motorisch und intellektuell. Es hat ein großes Bedürfnis nach Zerstreuung und braucht Bewegungsfreiheit. Hat es diese nicht, dann wird es lästig, unruhig, rennt durch das Zimmer, spielt einmal mit dem und dann wieder mit jenem, läßt alles herumliegen und läuft jedem vor die Füße. Es hat einen unwiderstehlichen Drang hinauszurennen, vergißt die Zeit und kommt entweder mit zerrissenen Kleidern nach Hause oder hat unterwegs seine Jacke und Mütze verloren. Es läßt sich leicht zu allerlei Unsinn anstiften und wird dadurch oft von anderen Kindern mißbraucht, um Unfug zu trei-

ben, dessen Folgen es selbst nicht übersieht. Ihm das Versprechen abzunehmen, sich zu bessern, ist unnütz. Außerhalb des Elternhauses ist alles wieder vergessen, und das Kind lebt in der Freiheit des Augenblicks. Kommt es in die Grundschule, ist dieses Kind ein Quirl in der Klasse. Die intellektuellen Leistungen enttäuschen, ein starker Mangel an Konzentration hat zur Folge, daß es wenig lernt. Die Klasse wiederholen zu lassen hilft in diesem Falle wenig; des öfteren kommt es vor, daß es beim zweiten Mal noch schlechter geht, weil jetzt auch noch der Reiz des Neuen fehlt.

Das Kind hat nun einmal wenig eigene Phantasie und lernt mehr durch Nachahmung der Umgebung als aus eigenem innerem Drang. Wenn der Lehrer aber begreift, daß dieses Kind nur durch die Tat lernen kann und daß dieser kleine Unruhgeist eine affektive Hülle braucht, dann wird er sich einen kurzen Augenblick neben dieses Kind setzen und ihm seine ganze Sympathie und Aufmerksamkeit schenken, da es sonst meist den ganzen Tag von einer Rüge zur anderen geht. Der Lehrer kann die Eltern darauf hinweisen, daß sie sich dem Kind regelmäßig allein widmen und ihm vorlesen oder erzählen müssen und daß es regelmäßig bestimmte Aufgaben bekommen muß, zum Beispiel in der Schule jeden Morgen einer Pflanze etwas Wasser geben, zu Hause die Schuhe putzen oder ähnliches; aber der Erwachsene wird all dies zuerst längere Zeit über mit dem Kind gemeinsam tun müssen, bis es so weit ist, daß es die Aufgabe selbständig erfüllen kann. Es fällt auf, daß diese Kinder alles motorisch lernen: So lange wie möglich rechnen sie durch Abzählen an den eigenen Fingern und vermeiden das Kopfrechnen. Darum müssen sie noch mehr als die anderen üben, aber nicht allein und automatisch, sondern unter Aufsicht und mit affektiver Teilnahme an dem erzielten Ergebnis. Die Kinder werden oft angeschnauzt und weggeschickt, wodurch sich eine scheinbare Immunität entwickelt, hinter der sich ihr Gefühlsleben verbirgt. Wer das einmal erlebt hat, verändert seine Einstellung und sieht, wie empfänglich dieses Kind für ein ermutigendes, freundliches Wort ist und wie sehr es sich nach etwas Liebe und Teilnahme sehnt.

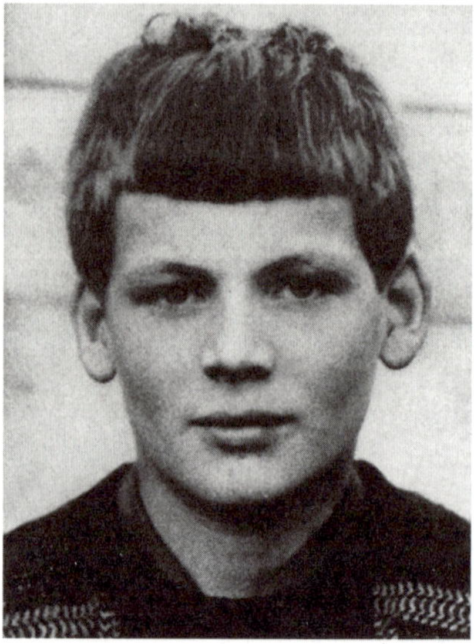

Propulsiver motorischer Junge – zehneinhalb Jahre alt

6. *Das propulsive motorische Kind* ist von atemberaubender Aktivität. Diese ist mit einer aggressiven Kraft geladen, die jeden Erwachsenen, der affektiv mit dem Kind verbunden ist, in kurzer Zeit in die Erschöpfung treibt, so daß er es aufgibt. Die ausgesprochenen Typen sind im Kleinkindalter schon bei einer medizinischen Erziehungsberatung gewesen. Auf sie trifft der Ausdruck «wie ein Wirbelwind» zu. Sie machen viel kaputt: ihr Spielzeug, ihre Kleider, die Tapete, die Verschlüsse an den Fenstern – nichts ist vor ihnen sicher. Wasser und Streichhölzer üben eine unwiderstehliche Anziehungskraft auf sie aus. Sie holen die Birnchen aus den Lampen der Fahrräder, werfen sie aber danach wieder weg. Sie sind der Schrecken der Straße, überall, wo sie auftauchen, geschehen verkehrte Dinge. Jedes Gruppenspiel wird gestört. Sie tauchen auf, verursachen Chaos und verschwinden wieder, sobald ein Erwachsener erscheint. Sie machen das Spielzeug anderer Kinder kaputt,

indem sie es ohne Sinn und Zweck herumschwingen oder es auf ein Dach werfen und dann laut lachend weglaufen. Die ausgesprochenen Fälle sind in einer Schulklasse unhaltbar und brauchen eine heilpädagogische Behandlung. Aber mancher Grenzfall dieses Typus ist der Schrecken der Spielplätze und des Schulweges. Laternen werden kaputtgeworfen, und wenn dies nicht möglich ist, wird grundlos gebrüllt und mit den Armen gefuchtelt. Mit diesem Typus ist es schwierig, therapeutisch in Kontakt zu kommen, nur ein Leiten der Aktivität wie im Modellieren, Malen und Holzschnitzen hat auf die Dauer Erfolg. Die Kinder sind selbst dankbar, wenn sie etwas geleistet haben. Aber der Erwachsene muß laufend aufpassen, daß nicht durch Überaktivität zerstört wird, was gerade erst entstanden war. Die Lehrkraft tut gut daran, für diese Kinder eine sachverständige Hilfe hinzuzuziehen.

Dem *reinen respiratorischen Typus* begegnen wir in Holland kaum in einer Klasse. Jedoch beobachten wir hier im nördlichen Teil des Landes öfter einen beträchtlichen respiratorischen Einschlag bei dem cerebralen Typus, wobei dieser sich mit dem leptosomen Typus von Kretschmer deckt. In Friesland sehen wir wiederum mehr respiratorische Typen als im Süden unseres Landes. In Südfrankreich und Spanien ist er so häufig wie bei uns der digestive Typus. Der respiratorische Einschlag in der Konstitution ist verbunden mit einem etwas ungestümen, gespannten Charakter. Eindrücke werden heftig verarbeitet. Die Kinder sind oft intelligent und künstlerisch veranlagt, aber sie haben die Neigung, sich in Vorstellungen und Gefühlen festzubohren. Die Erlebnisse sind nicht frei, sie haben etwas Zwanghaftes für das Kind. Vor allem Vorpubertät und Pubertät sind schwierige Phasen mit außergewöhnlich starken Spannungen und Unausgeglichenheiten. In der Pubertät schießen diese Kinder in die Höhe, ihr sozialer Umgang gestaltet sich steif und schwierig. Man muß aufpassen, daß sie in die soziale Gruppe der Klasse einbezogen werden. Humor ist das beste Mittel, um ihnen über ihre Spannungen hinwegzuhelfen.

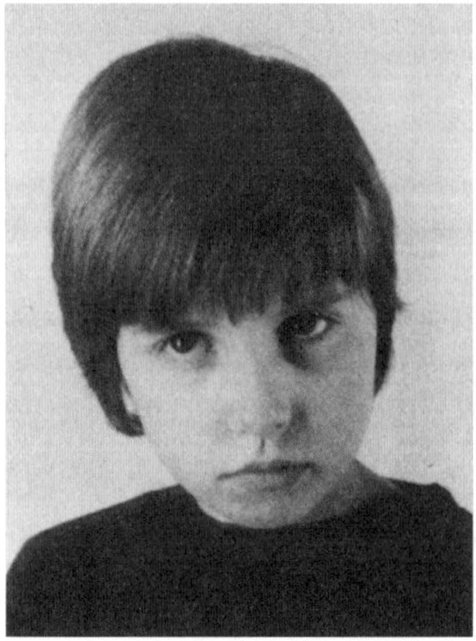

Retardiertes respiratorisches Mädchen siebeneinhalb Jahre alt

7. *Das retardierte respiratorische Kind* hat schon bei der Geburt ein auffallendes Näschen. Seine Gesamtlänge liegt über dem Durchschnitt, der Brustkorb ist lang und breit, die Schulterpartie gut entwickelt. Die Nase entwickelt sich später noch mehr und herrscht dann im Mittelteil des Gesichtes vor, so daß oft sogar ein «eckiges Profil» entsteht. Die Probleme dieser Kinder liegen in der affektiven Sphäre, im Gefühlsleben. Wo dieses Gefühlsleben die verbindende Kraft der Persönlichkeit ist, drohen Störungen im Gefühlsleben, Desintegrationen der Gesamtpersönlichkeit, und es treten immer ernste Verhaltensstörungen auf. Das normale Kind mit einem respiratorischen Einschlag in der Konstitution hat schon etwas Besonderes, das ihm unabhängig von seiner Herkunft etwas Aristokratisches verleiht, oft auch etwas «nicht Holländisches, Ausländisches». Diese Kinder machen einen etwas

hochmütigen Eindruck, sie neigen zur Herrschsucht. Sie haben meist eine gewisse künstlerische Veranlagung, aber diese ist stark individualistisch. Die Anpassung dieser Kinder ist immer schwierig, sie sind einsam, und man muß in ihre Welt eintreten, um Kontakt mit ihnen zu finden.

In verstärktem Maße hat dies das retardierte respiratorische Kind, ja manchmal so stark, daß wir diesem Typus als einer Form des kindlichen Autismus wiederbegegnen werden.

Das retardierte respiratorische Kind zeigt schon in der Wiege eine Schwäche in der Fähigkeit, der Welt zu begegnen. Schon mit drei Monaten fällt es auf, weil es den Blick nicht beantwortet, sondern mit leerem Blick an den Menschen vorbeisieht. Dabei zeigt sich, daß das Kind dennoch alles aus seiner Umgebung bemerkt und schon schnell bestimmte Gegenstände, bestimmte Bewegungen und die Folge bestimmter Handlungen fest in sich aufnimmt. Es entwickelt eine Neigung zu Zwangsvorstellungen, die die Umgebung zwingen, viele Zeremonien bei den einfachsten täglichen Routinehandlungen zu verrichten. Seine Einstellung zur Außenwelt ist (aus Schwäche zur wirklichen Begegnung) ausgesprochen feindlich, der Blick ist abweisend, oft bösartig, oft auch scheinbar uninteressiert und leer; und dies geht einher mit einer Übersensibilität für jede Annäherung oder Berührung, jeden Angriff auf die von ihm selbst festgesetzten Privilegien. Die intellektuelle und künstlerische Entwicklung des Kindes ist auf ein einziges Gebiet beschränkt (Zeichnen oder Rechnen oder Astronomie oder Technik oder Chemie). Sein Gefühlsleben hat etwas Zwingendes, Phantastisches, es bohrt sich in seinen eigenen Vorstellungen und Gefühlen fest. Es dürfte deutlich sein, daß seine Verhaltensstörungen in erster Linie im schwierigen Umgang mit sich selber liegen und erst sekundär mit anderen zusammenhängen. Es ist diesen Kindern unmöglich, selbständig ihren Weg zu gehen, und es fehlt ihnen die Kraft und der Überschuß an Lebensfreude, anderen das eigene Innere mitzuteilen. Dadurch sind sie, wie die Mütter sagen, «gegen sich selbst».

In der Klasse fallen sie durch viele Eigentümlichkeiten auf. Sie sind launisch, kontaktarm, abweisend, oft haben sie ein unzufriedenes Gesicht. Sie flüchten in die Haltung des «Rührmichnichtan», welche die Anpassungs- und Umgangsschwäche maskiert. Trotz ihrer meist guten Intelligenz lernen sie schlecht, weil sie sich mit ihren eigenen Hobbys (Rechnen, Erdkunde, Zeichnen) beschäftigen und nicht fähig sind, auf das einzugehen, was auf dem jeweiligen Gebiet gelernt werden muß.

Dabei sind sie motorisch ungeschickt, unsportlich. Auf dem Spielplatz und auf dem Schulweg werden sie oft geneckt, weil sie sich unbeholfen und weltfremd benehmen und absolut keinen Scherz verstehen oder Neckereien vertragen können. Die anderen erklären diese Mitschüler kurzerhand für «verrückt», damit andeutend, daß sie ihnen unbegreiflich sind. Diese Kinder leiden auch viel unter Ängsten. Ihre Ängste haben immer einen bestimmten ausgedachten Untergrund. «Wenn jetzt dies oder jenes passierte, dann würde dies oder jenes die Folge sein.»

Der Lehrer wird für sie eine spezielle Pädagogik anwenden müssen. Vor allem darf er sich nicht reizen lassen durch die Negativität in den Worten, den Hang zu debattieren und das ewige Widersprechen. Nüchtern und sachlich sollte dasjenige, was getan werden muß, festgelegt werden, und – bei diesen Kindern ganz besonders – mit einem Untergrund von Liebe und Sympathie, getragen von dem Begreifen der Ursache dieser Negativität: der Gefühlsschwäche. Ihre Haltung ist eigentlich ihre Form von Regression. Gerade hier muß eine Form von Liebe gegeben werden, die mit dem Kind gemeinsam kämpft und die Barriere zur Welt überbrücken hilft. Doch habe ich in extremen Fällen erlebt, wie selbst hervorragende Pädagogen nicht fertig wurden mit dem Zwang eines solchen Kindes, das zum Beispiel tagelang nicht essen oder nicht urinieren wollte – Zwänge, die von dem Kind so ausgesucht waren, daß sie unmöglich ignoriert werden konnten.

Die nicht allzu schweren Fälle durchlaufen die Schule als Sonderlinge; aus diesen Kindern werden Menschen mit extrem einseitiger künstlerischer oder wissenschaftlicher Veranlagung, von beschränktem, aber großem Format.

Unter ihnen trifft man Musiker und Maler an, die eine sehr eigene Klang- und Formwelt haben; auch der zerstreute Professor aus den Witzblättern, der nur sein Fachgebiet kennt und dem gewöhnlichsten Lebensproblem nicht gewachsen ist, hat diesem Typus sein Entstehen zu verdanken. Es wird aber vernünftig sein, in der Pädagogik nicht auf einen zukünftigen «zerstreuten Professor» zu rechnen, sondern an einer möglichst großen Anpassung an normale Umgangsformen zu arbeiten.

Es ist auffallend, daß es beim retardierten respiratorischen Kind mit autistischer Struktur nicht zur Schizophrenie kommt.

8. *Das propulsive respiratorische Kind* hat mit dem vorigen viel gemeinsam, nur sind die Probleme brennender, forcierter und werden dadurch schnell absurd; an die Stelle der autistischen Komponente tritt hier die schizoide, eine Spaltung im Charakter, wodurch die von Anfang an ablehnende Haltung gegenüber der Umgebung in ein totales Loslassen dieses Kontaktes übergeht (ein negativer Kontakt ist zumindest noch ein Kontakt) und in ein Sich-Zurückziehen in eine eigene, autochthone Welt. Bei den schweren Fällen fällt schon früh die Sonderlichkeit, die Unfähigkeit, sich einzufühlen, auf, und während der Entwicklung droht immer ein Abbrechen der Kontinuität, eine Desintegration der Persönlichkeit. Schulreife und Vorpubertät sind eine schwere Prüfung für die gebündelten Kräfte, die in der Psyche wirken.

Seltsame, absurde Erlebnisse, ungereimte Ängste, unerklärbare Handlungen kommen bei diesen Kindern als präpsychotische Phasen vor. Extreme Einsamkeitserlebnisse in der Pubertät können der Vorbote von «Schülerselbstmord» sein oder von plötzlich ausbrechender Schizophrenie.

Im Gegensatz zu den mehr autistisch strukturierten retardierten Kindern machen die leichteren propulsiven Fälle in der Schule keine großen Schwierigkeiten; sie sind groß, mager, blaß und still,

Propulsiver respiratorischer Junge
elf Jahre alt

oft gut begabt und haben eine fieberhafte Lernbegierde. Sie haben wenig Freunde, aber man findet nicht die auffallenden Schwierigkeiten wie in der vorigen Gruppe. Manchmal werden sie durch ihre frühzeitige Reife und ihr erwachsenes Urteil über Kunst, Moral und Religion als Wunderkinder angesehen. Die Lehrkraft hat gegenüber diesen großen, stillen Kindern eine schwere Verantwortung, die in erster Linie im Erkennen der Situation liegt. Beratung mit Sachverständigen wird dann angebracht sein.

Nach all diesem könnte der Leser geneigt sein, in jedem cerebralen, respiratorischen, motorischen oder digestiven Kind ein Problemkind zu sehen. Glücklicherweise ist dies nicht der Fall. Das normale Kind mit cerebralem Habitus ist ein angenehmer, intelligenter Schüler, das normale motorische Kind ein nettes, sportliches Element in der Klasse, etwas oberflächlich, aber flott. Der normale digestive Typus ist ein ruhiger stabilisierender Faktor, der gemächlich die Schule mit einer Drei als Durchschnittsnote durchläuft. Der normale respiratorische Typus ist meist etwas eigenartig, bringt aber dadurch eine interessante Note in die – in den Niederlanden – überwiegend digestive Gemeinschaft.

Ein Lehrer, der auf den individuellen Charakter seiner Schüler eingeht, wird jedes Element nötig haben, um seine Klasse wie ein Orchester zu dirigieren, indem er sich wechselweise an die eine, dann wieder an die andere Gruppe wendet. Cerebrale Kinder wird er brauchen, um über den allernotwendigsten Durchschnitt hinauskommen zu können, seine motorischen Schüler sind bei Aufgaben und bei Sport und Spiel führend, seine digestiven geben dem Jahr seine Kontinuität, und der einzelne respiratorische Schüler sorgt dafür, daß es kein Alltagstrott wird. Man wird letzten Endes keinen von allen entbehren können und wollen, und später im Leben ist für jeden eine Aufgabe vorhanden. Läuft die Entwicklung bei den beschriebenen Typen aber nicht normal, dann können sie bei nicht rechtzeitigem Erkennen unsere Problemkinder werden, wie wir sie unter den Kindern in unseren Heimen finden.

Wir bekommen diese Kinder nicht als Säuglinge zur Behandlung, und ein gewisses abweichendes Verhalten hat sich meist schon festgesetzt. Die Kinder werden uns mit den Kennzeichnungen «dumm, debil, schwachbegabt oder ungezügelt, autistisch und psychopathisch» gebracht. Oft auch mit den Worten: abweichendes Verhalten, vermutlich auf Grund einer Gehirnschädigung oder affektiver Verwahrlosung.

Die Formulierung «auf organisch gestörter Basis» in einem Dossier ist belastend, und tatsächlich, hier muß entgegen der Logik erzogen werden.

Doch in der Heilpädagogik ist kein Fall hoffnungslos. Das Kind ist ja noch in voller Entwicklung, und viele Hilfsmittel stehen uns Heilpädagogen zur Verfügung.

7. Zwei Formen neurotischer Lebenshaltung

Das geistige Wachstum des Kindes vollzieht sich stufenweise, von Entwicklungsniveau zu Entwicklungsniveau. Dieses stufenweise Wachstum ergibt, daß Perioden der Konsolidierung und Integration eines bestimmten Niveaus (das ältere Kleinkindniveau oder das Schulkindniveau) mit Perioden abwechseln, in denen das alte Niveau verlassen wird, also mit Phasen der Desintegration und des Einordnens der Lebenserfahrungen in ein neues Integrationsmodell, wobei andere Kräfte oder auch neue Orientierungen eine zentrale Rolle spielen.* Die treibende Kraft in dem stufenweisen Wachstumsprozeß ist sicher ein jedem lebenden Wesen immanenter Drang zur Selbstentfaltung. Wirkt dieser Drang (konstitutionell) zu schwach oder sind die Anforderungen der Außenwelt zu hoch, dann findet diese Desintegration und neue Reintegration ungenügend statt, und das Kind erreicht das nächste Niveau nicht oder unvollständig, oder es fällt von einem bereits erreichten Niveau in das vorige Niveau zurück.

Diese Symptome, Regression genannt, lassen ein Schulkind wie ein Kleinkind reagieren. Jede Regression bedeutet aber, daß das vorige Entwicklungsniveau in einer inadäquaten, karikierten Form zutage tritt und ernsthafte Umgangsschwierigkeiten mit dem eigenen Ich und mit der Umgebung mit sich bringt.

* Siehe auch: B. C. J. Lievegoed, *Entwicklungsphasen des Kindes*, Stuttgart [5]1990.

Wir haben die retardierte Entwicklung bei den vier Konstitutionstypen von Sigaud schon einigermaßen ausführlich betrachtet und gesehen, daß die Neigung zur Regression bei einem cerebralen Kind andere Symptome zeigt als bei einem digestiven oder respiratorischen Kind. Wir haben aber auch bereits besprochen, daß nicht nur die retardierte Entwicklung Störungen hervorruft im ruhigen Wachstum von Entwicklungsstufe zu Entwicklungsstufe, sondern daß ein propulsives, also ein zu schnelles Wachstum, das zu schnelle Erreichen eines höheren Niveaus (meist nur in einigen Punkten und darum unvollständig), ebenso sehr eine ernstliche Störung des Prozesses Integration – Desintegration – Reintegration hervorrufen kann.

Es scheint, als ob sich die propulsiven Kinder in einem bleibenden Prozeß der Desintegration befinden, ohne jemals ein richtiges Integrationsniveau zu erreichen. Bei ihnen ist dann auch nicht so sehr die Rede von einer Regression, von einem Zurückfallen auf ein früheres Niveau, weil das frühere Niveau als solches niemals wirklich bestanden hat. Aber wir sehen eine chaotische Mischung von Frühreife und infantilen Reaktionsformen.

Im Mittelpunkt der typischen, auf einer retardierten Entwicklung basierenden Regression stehen die *hysterischen Reaktionsformen*; im Mittelpunkt der fixierten Desintegrationszustände auf der Basis einer propulsiven Entwicklung stehen die *neuropathischen Reaktionsformen.*

Von den regressiven cerebralen Träumern bis zu den regressiven, triebmäßigen Digestiven sehen wir das reich nuancierte Bild der kindlichen Hysterie sich entfalten.

Von den frühreifen, intellektuellen, nervösen Kindern bis zu den schizoiden Autisten sehen wir viele Formen der neuropathischen Reaktionen sich abspielen (sie werden auch unter der Bezeichnung nervös, sensitiv und hypothymisch beschrieben).

Wir wollen diese beiden Reaktionsformen beschreiben.

Hysterische Reaktionsformen mit hysterischen Modellen des Reagierens

Mit dem Wort Hysterie ist für den Laien ein Bild gegeben, das mit allerlei negativen Vorurteilen belastet ist. «Diese Frau ist hysterisch» bedeutet gewöhnlich: «Sie ist mannstoll und zeigt dies auf unangenehme Weise.» Von diesem Aspekt werden wir uns völlig lösen müssen, wenn wir über die kindliche Hysterie sprechen. Während die Freudsche Psychoanalyse das sexuelle Triebleben schon in die ersten Kinderjahre verlegen will, ziehen wir es vor, diese Bezeichnung für die Form des Trieblebens, die in der Pubertät eine Rolle spielt, zu reservieren und die kindliche Hysterie auf das ganze Triebleben zu beziehen. Diese Kinder leiden unter starken triebhaften Impulsen einerseits und einer zu großen Offenheit gegenüber der Umgebung andererseits. Erst wenn wir diese zwei Gesichtspunkte zusammensehen, begreifen wir das eigenartige Verhalten des regressiv-hysterischen Kindes.

Das hysterische Kind lebt mit allen Fasern seines Wesens in seiner Umgebung. Der eigene Mittelpunkt ist schwach, der Drang zur Selbstentfaltung gering. Jede neue Altersphase, jeder neue Faktor im Milieu ist beinahe unüberwindlich und läßt das Kind Schutz und Sicherheit im Altvertrauten suchen. Die Schwierigkeiten liegen hier vor allem im Willensleben. Das Kind fühlt sich in seine Umgebung gut ein, es schlüpft geradezu in die anderen Menschen hinein und erlebt ihre Erwartungen. Es würde gerne handeln, aber es weiß, daß Handeln die Überwindung eines gewissen Widerstandes bedeutet. Dieser Widerstand wird übermäßig stark erlebt, und das Kind zieht sich zurück, unzufrieden, weil es die Aufgabe nicht bewältigt hat, aber auch, weil es nicht stark genug war, um sie zu vollenden. Dieser unangenehme Zustand wird nun an sich selber oder an der Umgebung gerächt mit einer Kraft und Ausdauer, die sicher mehr als ausreichend gewesen wären, die ursprüngliche Aufgabe zu erledigen.

«Die Hysterie ist ein Ausweichen vor wirklicher Verantwortung», sagt Asperger, und wir können hinzufügen, die hysterische Reaktion ist eine Energieentfaltung an der verkehrten Stelle, wobei immer die hysterische Handlung oder Lähmung im ganzen Symbol ist für die eigentlich notwendige Handlung, an deren Stelle sie tritt. Hiermit haben wir die hysterische Reaktionsform erst von der einen Seite beleuchtet. Der Rückfall in niedrigere Entwicklungsniveaus als die, die zu einem bestimmten Augenblick vorhanden sein müßten, bedeutet auch, daß die ganze Persönlichkeit aus einer höheren Differenzierung der psychischen Strukturen abgleitet in primitive und undifferenzierte Reaktionsformen.

Dasselbe finden wir bei uns selbst unter Einfluß von Angst oder Schrecken, darum sagt Kretschmer mit Recht, daß jeder Mensch unter bestimmten Umständen «hysteriefähig» ist. Typisch an diesen primitiven Reaktionsformen ist, daß sie nicht mehr spezifisch auf ein Ziel gerichtet sind, sondern diffus das ganze emotionelle Gebiet durchströmen und alles mitreißen. Anstatt bei Feuer schnell wegzulaufen oder etwas zu ergreifen, wird sinnlos hin und her gelaufen und gestikuliert. Das führende «Ich» ist nicht vorhanden, die animalen Funktionen, man kann auch sagen die Stammhirnfunktionen, entladen sich chaotisch. Aber in ruhigeren Augenblicken zeigt sich, daß diese animalen Funktionen doch ganz entschieden ein eigenes Ordnungssystem haben, das zwar nicht logisch funktioniert, aber doch nach den Gesetzen der Dramatik. Durch diese Dramatik wird das Leben der hysterischen Kinder gefärbt. Wirklichkeit und Phantasie sind hier nicht zu unterscheiden: Was hätte geschehen können, ist schon geschehen, was erreicht werden könnte, ist schon erreicht, die weiteren Handlungen sind eine Folge dieses Geschehenen und Erreichten. Vorstellen und Handeln spielen sich in einem eigenartigen Zwischenreich ab, wo das Bewußtsein und der Gebrauch des freien Willens verwechselt werden. Bei den neuropathischen Reaktionsformen ist das vegetative Nervensystem labil, und es kann Kopf- und Bauchschmerzen, Erblassen und Erröten hervorrufen. Diese

Krampferscheinungen haben dann alle eine lokalisierte Stelle. Neuropathisch bedingte Migräne oder Bauchschmerzen sind eine Folge der konstitutionellen Schwäche und treten bei Überforderung auf, entweder als Migräne oder als Bauchschmerzen, je nach der konstitutionellen Veranlagung. Die hysterischen Kopf- und Bauchschmerzen sind in ein Meer von Dramatik getaucht und haben mit dem Kopf oder Bauch an sich wenig zu tun, sie können eventuell auch, wenn dies mehr Effekt gibt, direkt auf eine andere Stelle übergehen. Echt hysterische Lähmungen, auf einer bleibenden Stelle lokalisiert, haben wir persönlich bei Kindern vor der Pubertät nicht beobachtet, wohl aber flüchtige Erscheinungen von Gefühllosigkeit, ein eigenartiges Gefühl oder das Unvermögen, eine Hand oder ein Bein zu gebrauchen. Im ganzen sind die körperlichen Symptome der kindlichen Hysterie wechselnd und mühelos durch Suggestion zu beeinflussen.

Wodurch kennzeichnen sich nun die hysterischen Reaktionsformen beim Kind?

Die leichteste Form drückt sich in kindischem Benehmen aus, in einem «Klein-sein-Wollen». Welches fünfjährige Kind setzt sich nicht einmal auf Mutters Schoß, kuschelt sich an und spricht im Ton eines Kleinkindes? Wenn dann noch der Daumen der einen Hand in den Mund wandert und die andere leicht am Ohrläppchen zieht, ist das Glück vollkommen. Das Kind ist sichtlich für einen Augenblick aus der wirklichen großen Welt geflüchtet und hat sich wieder ganz in die Geborgenheit und Wärme des frühesten Kleinkinddaseins zurückgezogen, während die wirkliche große Welt nahe genug ist, um interessant zu sein, und weit genug weg, um nicht zu verletzen.

Anders wird es, wenn dieses Bedürfnis jeden Augenblick auftritt, wenn dieses Auf-dem-Schoß-Sitzen mit Geplärr und Szenen erzwungen und dieses Untertauchen in die Mutter-Hülle mit heftiger Begierde gesucht wird.

Ein zweites Symptom ist die immer fühlbare Anwesenheit des Kindes. Selbst wenn es schweigt und stillsitzt, folgt es dem Erwachsenen oder den anderen Kindern mit saugendem Interesse. Es erlebt alles, was in seiner Umgebung geschieht, abnormal stark, hört jedes Wort und ist immer gegenwärtig, besonders wenn es nicht erwünscht ist. In der Klasse ist es schwierig, weil es immer spricht, bevor es an der Reihe ist, die Aufmerksamkeit auf sich lenkt und sich überall einmischen will. Immer fühlt es sich zurückgesetzt und will etwas anderes, als getan werden muß.

Ein hysterischer Junge, der schon von verschiedenen Schulen entfernt worden war, schlug wild um sich und schrie, wenn beim Austeilen der Hefte seines nicht als erstes an die Reihe kam. Die Rechenaufgaben waren dann «viel zu kindisch» für ihn, worauf er sich rücklings in die Bank setzte und seinen Mitschüler, der hinter ihm saß, mit der Feder stach. Eine Bemerkung über dieses Benehmen verursachte eine neue Szene. Die Spielpause war erfüllt von Raufen und Schreien, er (Drittkläßler) konnte sogar ohne Grund plötzlich einen Stock oder ein Stück Eisen ergreifen, um sich damit auf einen Siebtkläßler zu stürzen und wie ein Wilder um sich zu schlagen.

Seine Intelligenz war sehr gut (Intelligenz-Quotient 130-140). Aber mit dem Lernen ging es nur mäßig. Das Nikolausfest hat er für die ganze Schule verdorben, weil er eine Szene machte, als Sankt Nikolaus ein kleines Kind vor ihm zu sich rief. In einer Gruppe mit gleichaltrigen Jungen konnte er nicht behandelt werden. Der Anfang einer Besserung trat erst ein, als er elfjährig in eine Gruppe von vier- und sechsjährigen Kindern versetzt wurde. Zu den Kleinkindern war er reizend, und er half der Betreuerin wie ein Erwachsener. Von dieser unbedrohten Situation aus lernte er, sich in der Klasse und später sogar auf dem Spielplatz zu behaupten, so daß er doch noch auf die Oberschule gehen konnte.

Ein Mädchen desselben Alters, Kind einer Mutter, deren meiste Geschwister – als debil oder degeneriert – unter Aufsicht gestellt waren, kam schon mit neun Monaten wegen Verwahrlosung in ein Kinderheim. In den Jahren danach mußte sie die Heime oft wechseln. Der Kinderpsychiater, der sie im Alter von sieben

Jahren sah, diagnostizierte unterdurchschnittliche intellektuelle Veranlagung und affektive Verwahrlosung. Sie war extrovertiert, stets darauf bedacht, Eindruck zu machen, und hatte einen starken Rededrang. Nach langem Umherirren wurde sie im Alter von sieben Jahren in einer Pflegefamilie untergebracht und zur pädagogischen Fachbehandlung in einer kleinen Klasse aufgenommen. Nach einem Monat lautete der erste Eindruck:

Dumme Schlagfertigkeit – brutal – unruhig – ungeduldig; begreift zwar eine Geschichte, aber kann etwas Schönes noch nicht erleben, versteht das Scherzhafte nicht, es ist eine auffallende Leere in der Gefühlssphäre. – Das erste Jahr förderte hauptsächlich die negativen Seiten des Wesens zutage: Unausgeglichenheit – ist schnell beleidigt und enttäuscht, muß immer im Mittelpunkt stehen. Der Schulweg brachte Schwierigkeiten mit sich, sowohl Streunen (als Entschuldigung wurden phantastische Geschichten aufgetischt) als auch Unehrlichkeiten (Obst vom Gemüsewagen stehlen). Als die Lehrerin das erste Mal arglos fragte: «Von wem hast du die schöne Apfelsine bekommen?» weinte sie dramatisch und schrie: «Ich werde nie mehr stehlen.» Süßigkeiten und Geld waren bald nicht mehr sicher vor ihr. Sie irritierte die Mitschüler mit ihrer Klebrigkeit. Sehr bald ärgerte sie die Pflegefamilie mit schrecklichen Worten, wenn Besuch kam oder bei ähnlichen Gelegenheiten. Um des lieben Friedens willen mußten die eigenen Kinder dem Pflegekind gegenüber zurückgesetzt werden, so daß der Augenblick kam, da das Mädchen intern aufgenommen werden mußte. Sie hatte einen muskulösen Körper und ein für ihr Alter zu altes Gesicht mit harten, brutalen Augen. Auf eine gute Phase direkt nach der Aufnahme folgten Wochen des negativen Verhaltens, der Quälsucht, der Unausgeglichenheit und des schlechten Lernens. Aber nach einem Monat besserte sich ihr Zustand, sie spielte mit Glanz die Hauptrolle in einem Theaterstück, wagte sich jetzt auch an schwierigeren Lehrstoff und wurde in der Gruppe normaler. Aber erst jetzt kam in allerlei Kleinigkeiten ihre raffinierte Fähigkeit ans Licht, überall dabeizusein, wo im negativen Sinne etwas zu erleben war. Ein Kinderstreit, ein Kind, das bestraft werden mußte und so fort. Hier spielte sie dann die Rolle des quasi erwachsenen Zuschauers, der naseweise Bemerkungen macht, die oft merkwürdig «treffend», aber niemals in der Situation hilfreich sind. Echtes Mitgefühl, spontane Hilfe kamen selten von ihr. Wo sie ihre Hilfe anbot, hatte dies immer eine sensationelle Seite. So konnte sie zum Beispiel im Garten den zu Besuch kommenden Eltern entgegenlaufen und scheinheilig lieb fragen: «Sind Sie nicht die Mutter von der und der?» Und wenn sie auf diese Weise Bekanntschaft gemacht hatte, erzählte sie sofort in vertraulichem Ton von der einen oder anderen Übeltat. Man muß diese Vorliebe für das Negative bei anderen, für das Lästern, im Licht der eigenen Unfähigkeit sehen, positiven sozialen Kontakt zu finden oder positive Taten zu vollbringen. Aber auch für dieses Mädchen brachte das letzte Schuljahr mit den Fortschritten der Leistungen in der Klasse und in der Gruppe eine bedeutende Besserung. Sie erlebte zum ersten Mal in ihrem Leben eine echte Freude über das eigene Können, ein echtes Gefühl des Selbstvertrauens, das sie befähigte, frei und unbedroht den sozialen Kontakt aufzunehmen.

Wie verläuft nun die *Therapie des hysterischen Kindes?*

1. Ruhig bleiben und bei den Szenen, die diese Kinder provozieren, nicht mitmachen. Bedenken, daß das Kind trotz des aufreizenden Verhaltens ein krankes Kind ist, dem mit Ruhe und Besonnenheit und vor allem mit Ausgeglichenheit geholfen werden kann, seine Angst vor der Tat zu überwinden.
2. Die positive Leistung ist darum immer die einzige Therapie für das hysterische Kind. Uns als Erziehern fällt die Aufgabe zu, so lange zu suchen, bis eine Situation geschaffen ist, in der positive Leistungen möglich werden (der elfjährige Junge in der Gruppe der Kleinkinder).
3. Das Kind lehren, seine Angst vor der Tat zu überwinden, neben dem Kind stehend, es in seinen Handlungen in Gedanken

und Gesten begleiten, ohne ihm die Tat abzunehmen. Das Tempo danach steigern und loben, wenn ein normales Tempo erreicht ist.

4. Dem Kind längere Zeit begleitend zum Bewußtsein bringen: «Nun kannst du schon dies, und wenn du jenes nun auch noch leistest, dann kannst du vorläufig genug.» Mit anderen Worten, dem Kind Meilensteine und Ziele vor Augen halten, die es erreichen kann, die immer nahe genug sind, um sichtbar zu bleiben.
5. Deutlich und mit Freude feststellen, daß wieder so ein Meilenstein erreicht ist.
6. Viel künstlerische Arbeit aufgeben. Aufsätze schreiben, zeichnen, malen und schauspielern lassen. Bei der Rollenverteilung aufpassen, daß diese Kinder nicht zu stark in das Dramatische schießen. Ihnen strenge Rollen geben, in denen sie in der Form bleiben müssen.
7. Sie lieben das Spektakuläre. Man suche eine Arbeit, bei der sie Ausdauer üben lernen.

Die hysterische Veranlagung kann nützlich werden, und Berufe wie zum Beispiel Kinderpflegerin, Krankenschwester und Fürsorgerin sind für diese Kinder besonders geeignet, vorausgesetzt, daß die Selbsteinsicht während der Erziehung derartig gewachsen ist, daß sie fähig sind, normal und ausgeglichen Kontakt aufzunehmen. Dann sind sie ungewöhnlich aufopfernd und haben eine unermüdliche Arbeitskraft. Wenn solch einem Menschen selber deutlich wird, daß er hier etwas leistet, dann kann er doch noch zum Erwachsensein geführt werden.

Neuropathische Reaktionsformen – fixierte Desintegrationszustände

Der neuropathische Symptomenkomplex, der jetzt beschrieben werden soll, entwickelt sich auf der Basis einer sehr bestimmten konstitutionellen Veranlagung. Viele Mütter berichten, daß ihr Kind schon vom ersten Atemzug an anders war als die normalen Säuglinge. Es blickte sofort «wie ein kleiner Erwachsener» um sich oder war gleich übermäßig beweglich und reagierte auf jedes Geräusch und jedes Licht. Gemeinsam ist all diesen Kindern eine Überempfindlichkeit des Nervensystems, neben einer Frühreife in der körperlichen und geistigen Entwicklung; nicht nur eine Überempfindlichkeit der Sinne, sondern vor allem auch eine Labilität des vegetativ-sympathischen Nervensystems.

Die unbewußten vegetativen Funktionen, die instinktmäßig verlaufen müssen (Stoffwechsel – Blutzirkulation – Atmung) werden zu stark bewußt. Es ist, als ob das Bewußtsein in ein vegetatives Gebiet eindringe, in welches es nicht gehört, und in ein Gebiet Unordnung und Willkür bringt, wo natürliche Ordnung und Rhythmus, wo gute Instinkte im Unbewußten herrschen müssen. In ihrer psychischen (frühreifen) Entwicklung und in ihren Handlungen haben diese Kinder ihre Instinkte verloren, und das Normalste und Natürlichste (Nahrungsaufnahme, Stuhlgang, Herzschlag und Atmung) wird zu einem Problem, das mit ängstlicher Spannung oder überwacher Aufmerksamkeit verfolgt wird. Da diese Kinder meist in einer Umgebung aufwachsen, die selbst ihre Sicherheit in der instinktiven pädagogischen Haltung verloren hat, sieht man bei den Neuropathien, neben der Version des hysterischen Duetts zwischen Mutter und Kind, das neuropathische Duett zum Quintett sich ausbreiten (denn die Neuropathen bekommen es oft fertig, die ganze Familie in Spannung zu halten).

Wir brauchen zu der strittigen Frage, ob sich das neuropathische Kind durch exogene Ursachen entwickelt (also durch Einflüsse aus der Umgebung) oder durch innere Veranlagung, keine Stellung zu nehmen. Es ist nun einmal so, daß dieselben Faktoren, die die Erblichkeit bestimmen, gewöhnlich auch das Milieu formen, das die Kinder umgibt, so daß in diesem Fall eine erbliche Veranlagung durch die Erziehung verstärkt wird.

Was sind die Beschwerden, unter denen das neuropathische Kind leidet und worunter vor allem seine Umgebung leidet?

Beim Säugling und Kleinkind der leichte Schlaf, das viele Wachliegen, das schlechte Trinken, das bei der geringsten Störung unterbrochen wird, die große Beweglichkeit, die schnell erwachende Herrschsucht, die Zornausbrüche, das Nörgeln und Erzwingen.

Beim älteren Kleinkind und beim Schulkind außerdem noch: Mangelnde Eßlust – blasses Aussehen – dunkle Ringe unter den Augen – Magerkeit – Unruhe – Erbrechen – Bauchschmerzen – Verstopfung – Unsauberkeit und Bettnässen – unregelmäßige Herztätigkeit und Schmerzen in der Brust – Erröten und rote Flecken bei Aufregung – kalte Hände und Füße – Kopfschmerzen – Ohnmachtsanfälle – Zornausbrüche mit «Wegbleiben» – Asthma – Tics – Schlafstörungen in der Form von Nicht-einschlafen-Können oder auch Mit-einem-Schrei-wach-Werden – «Kopfschütteln» und «Reiten» – Stottern und anhaltendes, schreiendes Sprechen.

Man sieht, eine bunte Verschiedenheit, der aber eines gemeinsam ist, daß nämlich das Bewußtsein in vegetative – unbewußte – Gebiete eingreift und dort Störungen dieser Funktionen hervorruft.

Psychisch fallen vor allen Dingen auf: die Unruhe auf allen Gebieten, die Überempfindlichkeit auf dem Gebiet der Sinne, leichte Affektreizbarkeit, die Konzentrationsstörung.

Fassen wir noch einmal alles unter dem Bild des *fixierten Desintegrations-Zustandes* zusammen, dann können wir die neuropathischen Reaktionsformen folgendermaßen beschreiben:

1. Es besteht eine konstitutionell bedingte Neigung dazu, der eigenen Zeit vorauszueilen. «Das Kind kann seine Zeit nicht

erwarten.» Gerade aber in der Verlangsamung der Entwicklung des Menschen, im Vergleich zum Tier, liegt die Möglichkeit, zur menschlichen Entfaltung und Differenzierung zu kommen, um neue und höhere Integrationsniveaus zu erreichen, wo neue Ordnungsprinzipien wirken können.

2. Die Beschleunigung der Entwicklung geht vor allem vom Bewußtsein aus und ist verbunden mit einer Verstärkung der animalen gegenüber den vegetativen Funktionen.
3. Dadurch fehlt beim Neuropathen die Ordnung der physischen und psychischen Funktionen in einem harmonischen Ganzen. Der Neuropath schießt immer nach der einen oder anderen Seite übers Ziel hinaus. In seinen Bewegungen, in seiner Stimmung, in seinen Blutgefäßreaktionen, in seinem sozialen Verhalten.
4. Man kann daher beim Neuropathen nicht von einer echten Regression sprechen; er hat zwar zahlreiche infantile Züge, aber auch das vorangegangene Entwicklungsniveau (zum Beispiel für das Schulkind die Kleinkindzeit) war bereits chaotisch und zeigte frühreife neben infantilen Zügen.
5. Der Neuropath ist trotz seiner intellektuellen Frühreife (bei einem Gespräch unter vier Augen, während des Tests) und eines ordentlichen I.Q. doch ein schwacher Schüler, mit Bewegungsunruhe und schlechter Konzentration, der sich damit schwertut, das Notwendige aufzunehmen. Sozial ist er außerdem sehr schwierig durch sein Gefühlsleben, das neben einer Überempfindlichkeit auch eine Gefühlsleere besitzt, wodurch niemals Freundschaften entstehen und jedes Spiel im Streit endet. Überwältigende Freude und Wut fließen direkt ineinander.
6. Es treten allerlei soziale Konflikte auf. Wegen ihres ungesteuerten Interesses neigen diese Kinder zum Streunen, sie kommen von der Schule nicht nach Hause, vergessen die Zeit. Allerlei kleine Eigentumsdelikte entstehen, nicht durch bewußtes Stehlen aus Besitzgier, sondern weil sie ungeordnet

Dinge in die Tasche stecken, mit denen sie eine Weile gespielt haben; und dies hängt damit zusammen, daß sie gar nicht das Gefühl haben: «So etwas tut man nicht.»

7. Diese Kinder sind viel stärker als andere von Faktoren der Umgebung abhängig. Aufregung, Festfreude, ängstliche Spannung oder Chaos in der Umgebung bringen sie gleichermaßen aus der Fassung. Das Wetter spielt eine große Rolle: Hitze und Kälte, Wetterumschwünge (zum Beispiel wenn «Schnee in der Luft liegt») und Tiefdruck; im Frühjahr und Herbst sind sie überempfindlich und dann entweder lustlos oder besonders unruhig und schwierig.
8. Schließlich fällt immer mehr auf, daß sich kein echtes Persönlichkeits-Zentrum entwickelt und manifestiert. Wir wollen darum trotz der oft auch guten intellektuellen Entwicklung von einer mangelhaften und schwachen Ich-Entwicklung sprechen, Ergebnis des fixierten Desintegrationszustandes.

Die *Therapie* kann bei diesen Punkten anschließen. Im Zentrum steht hier in der pädagogischen Therapie ein Ordnen des unausgeglichenen Entwicklungsniveaus. Pädagogische Maßnahmen, die auf die Entwicklung des Gefühls und des geordneten Handelns gerichtet sind, stehen im Vordergrund.

Die intellektuellen Funktionen kommen dann von selbst in Ordnung. Eine ruhige instinktsichere Umgebung (Neuropathen aus der Stadt bekommt der Bauernhof im Sommer sehr gut), eine regelmäßige Tageseinteilung – Abwechslung von draußen sein und drinnen arbeiten –, viel körperliche und psychische Wärme sind die Hauptsache. Oft ist eine Milieuveränderung nötig, um eine Fixation zu durchbrechen. Auffallend ist hierbei, daß bei den ausgesprochenen Fällen eine bestimmte Entwicklung auftritt. Anfangs beim Säugling und Kleinkind: erhöhte Aufmerksamkeit, frühes Sprechen, unkindlich altes Aussehen, frühe intellektuelle Entwicklung, die sich in dem Mitsprechen über nicht-kindliche Dinge äußert. Später im Schulalter: Unkonzentriertsein, vegetative Beschwerden (siehe oben), schwieriges Lernen, schlechtes Aufnehmen, «herabgesetzte Bewußtseinsfunktionen im Denken neben überhöhten Bewußtseinsfunktionen im Stoffwechsel».

Am deutlichsten finden wir diese Symptome bei den neuropathisch-cerebralen Kindern. Auf sie trifft die Beschreibung von Asperger zu: «Diese neuropathischen Kinder sind auch sonst ein einheitlicher Typ: besonders fein und zart gebaut, von unkindlichem Ausdruck – und auch von Wesen unkindlich reif. Schon nach dem körperlichen, noch mehr aber nach dem psychischen Bild hat man den Eindruck, sie hätten eine kindliche Stufe übersprungen ...»*

Derartiges tritt auch bei den neuropathisch-respiratorischen Kindern auf, während beim muskulös-motorischen Typus vor allem die enorme Unruhe auffällt. Neuropathisch-digestiven Kindern (die Zusammenfügung als solche ist schon beinahe ein Widerspruch in sich) begegnen wir weniger, hier bekommt das Bild eine gänzlich andere Farbe, die mehr zum Triebpsychopatischen neigt.

Fassen wir noch einmal kurz und deutlich zusammen, bevor wir einzelne Symptome etwas ausführlicher beschreiben:

Den neuropathischen Reaktionsformen ist gemeinsam, daß die «Nerven», in diesem Fall die bewußtseinstragenden Organe ektodermalen (Haut) Ursprungs, eine schnelle Entwicklung durchmachen, wodurch das Gleichgewicht mit den vegetativen Funktionen gestört wird und damit schon früh eine Hemmung des allgemeinen geistigen Wachstums entsteht. Vor allem ist das Gefühlsleben des Neuropathen auf eine merkwürdige Weise leer, so daß diese Kinder einen tragischen Eindruck machen.

Die neuropathische Veranlagung ist gegeben, sie kann aber durch Milieufaktoren gefördert oder gehemmt werden. Vor allem ein ruhiges instinktsicheres Milieu wirkt heilend.

* H. Asperger, *Heilpädagogik. Einführung in die Psychopathologie des Kindes für Ärzte, Lehrer, Psychologen, Richter und Fürsorgerinnen,* Wien 1952, S. 144.

Die vegetativen Symptome der neuropathischen Reaktionsformen

Sie äußern sich vor allem im Blutkreislauf und in den Spannungsverhältnissen der kleinsten Blutgefäße. Im Vordergrund steht ein Krampfzustand, der sich in Blässe der Haut äußert, kaltem Schweiß, kalten Händen und Füßen; dieser Krampf kann sich zum Schmerz steigern, in Kopfschmerzen übergehen oder bei Erregung sogar Ohnmachtsanfälle hervorrufen. Er kann auf die glatten Muskeln der Luftröhre (Asthma) und des Magen-Darmtraktes (Magenkrämpfe – Erbrechen – Darmkrampf –Verstopfung) übergreifen. Er kann aber auch plötzlich umschlagen in ein totales Lösen des Tonus (Rotwerden, rote Flecken, Dermographismus, warme Hände, Diarrhoe, Bettnässen).

Kopfschmerzen: Die neuropathischen Kopfschmerzen treten vor allem im Schulalter auf, bei einer für andere Kinder tragbaren intellektuellen Belastung. Vor allem gegen Mittag, wenn Widerwillen gegen ein Fach besteht, welches als letztes auf dem Stundenplan steht. Ferner bei Geburtstagen und Festen, denen die Kinder nicht «gewachsen» sind. Die Kinder simulieren nicht, sehen oft grün-blaß aus und müssen wie bei einer echten Migräne im Dunkeln ausschlafen.

Ohnmachtsanfälle treten auf durch eine zu geringe Durchblutung des Gehirns beim Anblick von etwas Ekelhaftem, aber oft reicht auch schon ein Stoßen des Knies. Dieses Ohnmächtigwerden unterscheidet sich von einem epileptischen Anfall dadurch, daß es dem Patienten schwarz vor Augen wird und er ohne Zuckungen oder Krämpfe zusammenbricht. Je weniger Aufhebens von diesem Ohnmächtigwerden gemacht wird, desto besser für den kleinen Patienten, sonst wird es eine Waffe, um ängstliche Eltern zu zwingen, nach seiner Pfeife zu tanzen.

Affektkrämpfe: Viele dieser Kinder können mitten in einem Wutanfall plötzlich «wegbleiben», das heißt, es tritt unter dem Schreien plötzlich ein Krampf der Stimmbänder auf, die Kinder werden blau und schlapp und fallen hin, bis eine tief pfeifende Atmung die Lösung des Stimmbandkrampfes andeutet und der Wutanfall weitergehen kann. Das «Wegbleiben» ist ein dramatisches Ereignis für die Umgebung. Nervöse Eltern (und diese Kinder haben nervöse Eltern) stehen dem machtlos gegenüber. Der Erfolg des ersten «Wegbleibens» im Affekt birgt die Gefahr in sich, daß es vom Kind als Waffe fixiert wird, um seinen Willen durchzusetzen, unter dem Motto: Paß auf, wenn du nicht tust, was ich will, dann bekomme ich es wieder!

Asthma: Neben dem Symptom der Überempfindlichkeit für bestimmte Stoffe aus der Außenwelt, parallel laufend mit der Überempfindlichkeit der Sinne bei allen neuropathischen Reaktionsformen, spielt die neuropathische Reaktionsform der meisten Asthmakinder je nach dem Maß der Anfälle eine große Rolle.

Das Asthmaproblem ist hiermit natürlich nicht behandelt, aber es ist schon auffallend, daß wir zwei Typen der Asthmakinder unterscheiden können: die frühreifen, extrem mageren Kinder, oft mit starken Mißbildungen des Brustkorbes mit der neuropathischen Reaktionsform und die dicken, «aufgeblasenen» Kinder ohne körperliche Mißbildungen mit einer mehr hysterischen Reaktionsform.

Bei den oft bis auf die Knochen abgemagerten asthmatischen Kindern, die die ganze Familie mit ihrer Krankheit tyrannisieren, kann eine Versetzung in ein gesundes, nüchternes, aber gefühlswarmes Milieu oft Wunder tun. Leider zeigt sich dann oft das «neuropathische Duett» darin, daß die Familienmitglieder das Kind vorzeitig zurückholen, weil sie ohne die Emotion, die das Asthmakind mit sich brachte, nicht leben können.

Herzbeschwerden: Ältere Kinder klagen oft über Herzklopfen, «Überschlagen» und ein beklemmendes Gefühl oder Schmerzen im Herzbereich. Manchmal hört der Arzt ein funktionelles Geräusch und meistens eine unrhythmische Herztätigkeit. Für diese «Herzfehler» ist Ruhe nicht angebracht, sondern gesunde Bewegung in einer fröhlichen, harmonischen Umgebung. Es fällt auf, daß diese Kinder bei anstrengenden Radtouren während eines Schullagers niemals über ihr Herz klagen.

Appetitmangel: Schon die kleinsten Neuropathen sind auf einen bestimmten Geschmack fixiert. Bereits der Übergang vom Stillen zur gemischten Nahrung bereitet Sorgen. Später muß alles entweder flüssig oder weiß oder salzig oder süß sein, sonst entstehen Szenen mit Wegschlagen des Tellers.

Neuropathen haben die Neigung, zu naschen und zwischendurch zu essen, so daß sie dann während der Mahlzeiten keinen Appetit mehr haben. Sie sind schlechte Esser. Je mehr sich die Umgebung aufregt, desto stärker wird dieses Symptom. Dasselbe Kind kann bei einem Freund zu Hause wie ein Wolf essen.

Die Eltern sind gerade darum so sehr besorgt, weil diese Kinder von Natur aus schon mager sind, eine schlaffe Muskulatur haben und oft blaß aussehen.

Erbrechen: Das Nicht-Essen kann sich zu habituellem Erbrechen steigern. Einige dieser Kinder sind schon in der Wiege die sogenannten «Spucker», Pylorospasten. Hier ist auffallend, bemerkt Asperger, daß die Pylorospasten meist eine verfrühte geistige Entwicklung haben. Sie fixieren sich schon sehr früh; es sind später intellektuelle Kinder; sie sind ferner unruhig und haben einen leichten Schlaf, schon ein geringfügiges Geräusch (ein Schließen der Tür) kann das spastische Erbrechen hervorrufen.

Ein anderes Symptom ist das morgendliche Erbrechen auf dem Schulweg. Diese Kinder erbrechen regelmäßig ihr Frühstück auf dem Schulweg. In den meisten Fällen zeigt sich, daß die Schule sie vor zu hohe Anforderungen stellt. Geringere intellektuelle Belastung und – sofern nötig – ein Wechseln der Klasse oder der Schule, eine Veränderung des Wohnmilieus, kann diese Störungen oft unmittelbar beseitigen. Auch hier wird deutlich, daß beim Neuropathen häufig eine bestimmte Reaktion auf eine bestimmte Person oder Umgebung fixiert ist.

Bei debilen Neuropathen kann das habituelle Erbrechen so hartnäckig fixiert sein, daß das Kind, in einem Heim aufgenommen, wo es schon lange nicht mehr erbricht, beim Erscheinen der Mutter prompt wieder mit Erbrechen reagiert.

Darmkrämpfe: Diese Kinder leiden oft an plötzlich auftretenden Bauchschmerzen, die meist um den Nabel lokalisiert sind. Die Anfälle können während des Essens oder nachher oder in der Schule auftreten. Die Krämpfe können so heftig sein, daß das Kind blaß wird und sich hinlegen muß. Auch diese Art von Krampfanfällen deutet auf eine zu schwere intellektuelle oder emotionelle Belastung hin. Sie sind mit einer regelmäßigen Bauchmassage von der Mutter abends beim Zu-Bett-Bringen meist prompt zu heilen. (Was könnte auch herrlicher sein, als wenn die Mutter einem soviel Aufmerksamkeit und Fürsorge widmet!) Wichtig ist dann, parallel zu untersuchen, ob dieses Kind der Klasse und dem Schultyp gewachsen ist.

Verstopfung: Die meisten Neuropathen haben einen harten Stuhlgang, manchmal auch Diarrhoe. Der Stuhlgang wird zur täglichen Qual, die ganze Familie lebt in der Spannung und Aufregung, ob es «gelungen ist». Trotz der Verstopfung haben sie oft ein schmutziges Höschen («ist wirklich nicht so schlimm, ist nur ein kleines bißchen»). Oft stellt sich heraus, daß große Mengen eingetrockneter Fäkalien im Darm haften, die durch den Darm krampfhaft festgehalten werden. Regelmäßige Einläufe mit Kamille können diese Form der Verstopfung in vielen Fällen heilen, allein deshalb, weil dann die Spannung des Gelingens oder Nichtgelingens entfällt und so der circulus vitiosus durchbrochen wird.

Bettnässen: Eine Anzahl Neuropathen sind hartnäckige Bettnässer (und manchmal sind sie auch tagsüber nicht trocken, weil sie sich während des Spiels die Zeit nicht gönnen, zur Toilette zu gehen). Oft sind sie es, obwohl sie schon sehr früh sauber waren. Später machen sie dann wieder ins Bett, nicht wie das hysterische Kind, weil ein Brüderchen oder Schwesterchen kam, sondern sobald die emotionellen Eindrücke des Tages zu stark werden (ein zu lebhaftes Spielen, ein Fest, eine Probearbeit in der Schule, Spannungen zu Hause oder in der Schule). Dabei spielt bei diesen

Kindern eine merkwürdige vegetative Störung in der Ausscheidungsregulation eine Rolle. Tagsüber wird wenig Feuchtigkeit ausgeschieden, nachts «schwimmen sie weg».

Schlechtes Aussehen: Beinahe alle Neuropathen sehen schlecht aus. Die Haut ist blaß (nicht durch Blutarmut, sondern wegen einer Verkrampfung der feinsten Blutgefäße der Haut), oft schimmern die Adern blau durch die Haut, und vor allem um die Augen entstehen dadurch dunkle Ringe. Diese Kinder «zeichnen» stark, das heißt, sie können im einen Moment eine frische Farbe haben (die bei näherer Betrachtung meist fleckig und etwas zu hochrot ist) und im nächsten Moment aussehen, als ob sie gerade eine schwere Krankheit hinter sich hätten. Hieran zeigt sich, wie labil die Regulation der Blutverteilung ist. Während wir bei den hysterischen Kindern meist eine feuchte, «offene» Haut und offene Sinnesorgane (nach der Einteilung von Corman) finden, haben die Neuropathen eine kalte, geschlossene Haut und geschlossene Sinnesorgane (Augen und Nasenflügel sind zurückgezogen, die Lippen dünn und straff).

Durch emotionelle Einflüsse kann dieses Verschlossensein (das sich in einem schlechten sozialen Kontakt äußert) jäh durchbrochen werden, dann wird das Kind hochrot, was wiederum ein Zurückziehen hervorruft. Die Angst vor dem Erröten kann diese Kinder verfolgen und das Erröten erst recht hervorrufen. Bei Mädchen sieht man außerdem oft das Erscheinen hochroter Flekken am Hals oder im Gesicht, bei Jungen oft ein rotes Ohr bei einem blassen Gesicht.

Schweißtröpfchen, zum Beispiel nur auf dem Nasenrücken oder nur unter den Augen, können an Stelle der Flecken vorkommen.

Oft haben diese Kinder kalte Hände und vor allem kalte Füße. Kalte Füße rufen bei ihnen eine allgemeine Neigung zu Gefäß- und Darmkrämpfen hervor. Wir haben häufig die Erfahrung gemacht, daß eine ganze Reihe der neuropathischen Beschwerden allein durch tägliche warme Fußbäder, unterstützt durch regelmäßiges Tragen langer Hosen und Wollsocken, verschwanden. Bereits eine derartige «Milieuveränderung» (im Körperlichen) kann die psychische Spannung und Labilität erheblich zum Besseren wenden. Die Lehrkraft kann den Eltern in diesem Punkt einen ungefährlichen und nützlichen Rat geben.

Psychische Symptome: Erhöhte Reizbarkeit – Unruhe – Stimmungslabilität – Konzentrationsmangel – Vergeßlichkeit stehen im Vordergrund. Sie sind alle aus der mangelhaften Ich-Funktion im Zentrum der Persönlichkeit zu erklären. Neben diesen Neuropathen mit ernsten Charakterschwierigkeiten und vegetativen Störungen kennen wir auch weniger schwere Fälle: zum einen Kinder, bei denen nur einzelne der genannten Symptome auftreten, zum anderen solche, die zwar die konstitutionelle Veranlagung zu vegetativer Labilität haben, bei denen aber ein «starkes Ich» im Mittelpunkt steht, das fähig ist, trotz dieser Schwierigkeiten einen höheren Grad der Integration zu erreichen. Hierzu gehören einige frühreife, intellektuell oder künstlerisch begabte Kinder. Mit der größten Mühe können sie sich durch die Schule schlagen, trotz Kopf- und Bauchschmerzen, trotz der Qualen, die das Zusammensein mit den lärmenden, gesunden Kameraden mit sich bringt, auch trotz der Qual, die der Klassenunterricht als solcher für diese Kinder bedeutet. Sie ziehen sich dann gerne in ihre eigene Welt der Musik, Literatur oder Malerei zurück. Jede Leistung muß einer widerstrebenden physischen Konstitution abgerungen und oft mit Kopfschmerzen und Erschöpfungszuständen bezahlt werden. Carp* nennt diesen Typus den sensitiven Erlebenstypus und weist auf die große Empfindlichkeit für Eindrücke und erhöhte Verletzbarkeit hin. Wir haben solche Kinder unter den Typen, die wir beschrieben, als retardierte cerebrale Kinder gesehen und beobachtet, daß sie später zu bedeutenden Leistungen fähig sind, trotz der bleibenden konstitutionellen Widerstände.

* Siehe Dellaert, R. und E. A. D. E. Carp, *Grondslagen ener nieuwere oriëntatie in de kinderpsychopathologie*, Rotterdam 1953.

Die *Therapie* für die neuropathischen Reaktionsformen besteht, was den Pädagogen betrifft, in erster Linie im Durchbrechen der fixierten, bedingten Reflexe. Der Pädagoge darf sich nicht durch die Unlustreaktionen reizen lassen, nicht überängstlich sein und muß den Eltern das Vertrauen geben, daß von nun an alles gutgehen wird. Er wird dann allein abzuwägen haben, ob das Kind den Tumult und die Ablenkung einer großen Klasse vertragen kann, ob der Lehrstoff nicht zu schwer und intellektuell belastend ist und ob man durch ein bißchen besondere Aufmerksamkeit und Ermutigung nicht schon viel erreichen kann. Meistens wird aber zunächst eine radikale Milieuveränderung nötig sein – eine Unterbringung außerhalb des Elternhauses, ein Wechsel der Klasse oder Schule. Man wird vernünftig handeln, die Konsequenzen hiervon den medizinisch-pädagogischen Beratungsstellen zu überlassen.

Literaturverzeichnis

H. Asperger, *Heilpädagogik. Einführung in die Psychopathologie des Kindes für Ärzte, Lehrer, Psychologen, Richter und Fürsorgerinnen,* Wien [5]1968.

Louis Corman, *Le diagnostique du tempérament par la morphologie*, Paris 1947.

Heilende Erziehung. Vom Wesen Seelenpflege-bedürftiger Kinder und deren heilpädagogischer Förderung. Stuttgart [5]1989.

C. von Heydebrand, *Vom Seelenwesen des Kindes,* Stuttgart [11]1991.

Nel van Houten, *Bartje mijn zoon,* 's-Gravenhage 1962.

B. C. J. Lievegoed, *Entwicklungsphasen des Kindes,* Stuttgart [5]1990.

Claude Sigaud, *La Forme humaine. 1. Sa significaiton*, o.O. 1914.

R. Steiner, Das Geheimnis der menschlichen Temperamente, in: *Wo und wie findet man den Geist?*, GA 57, Dornach [2]1984.

R. Steiner, *Heilpädagogischer Kurs,* GA 317, Dornach [7]1985.

W. Veltman, *De Vrije Scholen, beginselen en methode,* Zeist [8]1982.

Beiträge zur anthroposophischen Heilpädagogik
in der Reihe «Praxis Anthroposophie»

Rüdiger Grimm
Die therapeutische Gemeinschaft in der Heilpädagogik
Das Zusammenwirken von Eltern und Heilpädagogen
138 Seiten, kartoniert

Thomas J. Weihs
Das entwicklungsgestörte Kind
Heilpädagogische Erfahrungen in der therapeutischen Gemeinschaft
184 Seiten, kartoniert

Niels Christie
Jenseits von Einsamkeit und Entfremdung
Gemeinschaften für außergewöhnliche Menschen
167 Seiten, kartoniert

Cor de Bode / Hans Bom
Wer hilft Franz?
Beispiel einer Familientherapie in der Heilpädagogik
148 Seiten, kartoniert

Johannes Denger (Hrsg.)
Plädoyer für das Leben
Pränatale Diagnostik als gesellschaftliche Herausforderung
Erweiterte Neuausgabe
208 Seiten, kartoniert

Karl König
Die ersten drei Jahre des Kindes
Erwerb des aufrechten Ganges – Erlernen der Muttersprache – Erwachen des Denkens
Neuausgabe
149 Seiten, kartoniert

Verlag Freies Geistesleben

Heilpädagogik und Sozialtherapie
aus anthroposophischer Menschenkunde
Schriftenreihe der Medizinischen Sektion am Goetheanum

Zum Heilpädagogischen Kurs Rudolf Steiners

Mit Aufsätzen von Rudolf Grosse, Hellmut Klimm,
Hermann Poppelbaum, Georg von Arnim,
Walter Holtzapfel und Georg Unger.
115 Seiten, kartoniert

Beiträge zur heilpädagogischen Methodik

Aufsätze von H. Müller-Wiedemann, K. Vierl,
G. und V. Goelzer und C. Pietzner.
116 Seiten, kartoniert

Karl König, Georg von Arnim und Ursula Herberg

Sprachverständnis und Sprachbehandlung

119 Seiten, kartoniert

Karl König

Sinnesentwicklung und Leiberfahrung

Heilpädagogische Gesichtspunkte zur
Sinneslehre Rudolf Steiners
124 Seiten, kartoniert

Verlag Freies Geistesleben

Heilpädagogik und Sozialtherapie
aus anthroposophischer Menschenkunde
Schriftenreihe der Medizinischen Sektion am Goetheanum

Der frühkindliche Autismus
als Entwicklungsstörung
Erscheinungsformen und Hintergründe
Aufsätze von W. Holtzapfel, H. Klimm, K. König,
J. Lutz, H. Müller-Wiedemann und Th. Weihs
190 Seiten, kartoniert

Eve-Lis Damm
Malen mit Seelenpflege-bedürftigen Kindern
80 Seiten mit 80 farbigen Abbildungen,
gebunden

Erziehen und Heilen durch Musik
Musiktherapie in der Heilpädagogik
Herausgegeben von Gerhard Beilharz
336 Seiten mit zahlreichen
Fotos und Zeichnungen,
gebunden

Verlag Freies Geistesleben

Heilpädagogik und Sozialtherapie
aus anthroposophischer Menschenkunde
Schriftenreihe der Medizinischen Sektion am Goetheanum

Dieter Schulz

Frühförderung in der Heilpädagogik

Erfahrungen mit der Betreuung seelenpflegebedürftiger Kinder.
Eine Einführung für Eltern.
Mit einem Vorwort von Hans Müller-Wiedemann.
107 Seiten, gebunden

«Im Kreis der wenigen ambulanten Arbeitsstätten anthroposophischer Heilpädagogik ist Dieter Schulz sozusagen der ‹Spezialist› für Früherkennung und Frühförderung bei Entwicklungsstörungen im Kleinkindalter. Außerdem macht ihn seine Befugnis, die von Alfred Baur entwickelte Chiropraktik-Sprachtherapie durchzuführen, zum geeigneten Ansprechpartner bei sprach-heilpädagogischer Förderungsbedürfigkeit im Kleinkindalter.
Dieter Schulz referiert in seinem Buch kurz und präzise die wichtigsten menschenkundlichen Grundideen, an denen sich anthroposophische Heilpädagogen orientieren. Das dann folgende Kapitel zur heilpädagogischen Diagnose und Therapie befaßt sich mit den wichtigsten diagnostischen Gesichtspunkten, die sich aus dieser Orientierung ergeben, nämlich mit der physiologischen Dreigliederung, der konstitutionspathologischen Phänomenkunde, der Sinneslehre mit besonderem Hinblick auf die Basal- oder Leibessinne, der motorischen Integration, dem Schlaf- und Eßverhalten. Außerdem werden einige Hinweise auf die Fragen gegeben, die bei der Fremdanamnese (einführendes Elterngespräch) gestellt werden sollten.»

Henning Köhler / Die Drei

Verlag Freies Geistesleben

Heilpädagogik und Sozialtherapie aus anthroposophischer Menschenkunde
Schriftenreihe der Medizinischen Sektion am Goetheanum

Wilhelm Uhlenhoff

Die Kinder des Heilpädagogischen Kurses

Krankheitsbilder und Lebenswege

291 Seiten mit zahlreichen Abbildungen, gebunden

In seinem «Heilpädagogischen Kurs» vom Juni und Juli 1924 stellte Rudolf Steiner nach einleitenden Vorträgen den Teilnehmern – einem kleinen Kreis von Zuhörern – eine Reihe von Kindern mit Entwicklungsproblemen und Behinderungen vor. In keinem seiner vielen Vorträge über Medizin und Pädagogik ging er so unmittelbar auf Krankheitserscheinungen in individuellen Schicksalen und Möglichkeiten der Therapie ein. Dieser Kurs wurde zur Keimzelle der anthroposophischen Heilpädagogik.

In Anknüpfung an den «Heilpädagogischen Kurs» legt Wilhelm Uhlenhoff nun eine ausführliche Studie über die Krankengeschichte und den Lebenslauf der dort besprochenen Kinder vor. Er schildert ihre Herkunft, dokumentiert Formen und Verlauf ihrer Entwicklungsstörungen und begleitet liebevoll – in Achtung vor ihrer Individualität – ihr weiteres Schicksal.

Eine lebendige Dokumentation der heilpädagogischen Arbeitsweise und der Therapieansätze Rudolf Steiners.

Verlag Freies Geistesleben

Bücher von Bernard Lievegoed

Der Mensch an der Schwelle

Biographische Krisen und Entwicklungsmöglichkeiten

Aus dem Niederländischen von Frank Berger
3. Auflage 1991, 240 Seiten, kartoniert

Alte Mysterien und soziale Evolution

Gesellschaftliche Krisen und Entwicklungsmöglichkeiten

Aus dem Niederländischen von Frank Berger
1991, 127 Seiten, kartoniert

Planetenwirken und Lebensprozesse
in Mensch und Erde

6. Auflage 1991, 72 Seiten, kartoniert

Verlag Freies Geistesleben

Bücher von Bernard Lievegoed

Über die Rettung der Seele

Das Zusammenwirken dreier großer Menschheitsführer

Aus dem Niederländischen von Frank Berger
2. Auflage 1993, 148 Seiten, Leinen

Besinnung auf den Grundstein

Aus dem Niederländischen von Frank Berger
2. Auflage 1993, 108 Seiten, Leinen

Durch das Nadelöhr

Ein Leben mit der Anthroposophie
Interview von Jelle van der Meulen

Aus dem Niederländischen von Frank Berger
Praxis Anthroposophie 19
2. Auflage 1993, 144 Seiten, kartoniert

Verlag Freies Geistesleben

Die umfassende Dokumentation der anthroposophischen Heilpädagogik in Bild und Wort

Heilende Erziehung aus dem Menschenbild der Anthroposophie

Leben, lernen und arbeiten mit Seelenpflege-bedürftigen Kindern und Erwachsenen,
herausgegeben vom Verband Anthroposophischer Einrichtungen für Heilpädagogik und Sozial-Therapie
Textredaktion: Bernhard Fischer
Gestaltung und Bildredaktion: Walther Roggenkamp
2. Auflage, 224 Seiten mit über 200 z. T. farbigen Abb., kartoniert

Aus dem Inhalt:

So fing es an / Menschenbilder – Bildungsziele / Grundlagen der Erziehung / Schicksalserkenntnis – Schicksalshilfe / Der Arzt als Mittler / Sozialtherapeutik – Ziele und Aufgaben / Lebensgemeinschaft – soziale Wirklichkeit / Rhythmus im Tagesgeschehen / Feste des Jahres / Therapeutische Arbeit / Musik / Heileurythmie / Therapeutische Malübungen / Lehr- und Lernzeit / Arbeitswelt / Lebensformen / Ausbildungswege zum Heilpädagogen und Sozialtherapeuten.

Verlag Freies Geistesleben